Cocktail
MANUAL
Tricks & Rezepte

DAS ULTIMATIVE Cocktail MANUAL

285 Tipps, Tricks & Rezepte

LOU BUSTAMANTE

HEEL

BASICS & VORBEREITUNG

REZEPTE & TECHNIKEN

DIE KUNST DES GASTGEBENS

ÜBER DIE USBG

Die United States Bartenders' Guild (USBG) ist ein US-amerikanischer Berufsverband für Barkeeper, der sich der Unterstützung und Verbesserung professioneller Weiterbildungsmöglichkeiten für Barpersonal widmet. Der Verband, der mehr als 6.000 Mitglieder hat, die in über 70 Ortsverbänden organisiert sind, hat es sich zum Ziel gesetzt, die Aus- und Weiterbildung von Barkeepern mittels innovativer Programme und Maßnahmen zu fördern.

Aufgrund des gesteigerten Interesses am Handwerk, aber auch am Berufsbild des Barkeepers nimmt die USBG heute eine besonders wichtige Rolle ein: Durch die Zusammenarbeit mit einem interaktiven Netzwerk professioneller Barkeeper, das Angebot von Weiterbildungsveranstaltungen und die Durchführung gemeinnütziger Projekte gestaltet der Berufsverband die Zukunft der Getränkebranche und des Gastgewerbes aktiv mit. Anders gesagt: Der Verband sorgt dafür, dass man in unzähligen Bars in ganz Amerika qualitativ hochwertige Drinks in entspannter Atmosphäre genießen kann.

Die USBG ist der einzige amerikanische Barkeeper-Verband, der in der International Bartenders Association (IBA) vertreten ist. Durch die globale Partnerschaft in der internationalen Dachorganisation ist es den Mitgliedern der USBG möglich, sich mit Kollegen auf der ganzen Welt zu vernetzen. Die Mitglieder können so in vielerlei Hinsicht wertvolle Kontakte knüpfen – auf lokaler Ebene in den verschiedenen Ortsverbänden, aber auch international im Rahmen der IBA.

Zudem bietet der Berufsverband weniger erfahrenen Mitgliedern zahlreiche Weiterbildungsmöglichkeiten, beispielsweise im Rahmen von Mentoring-Programmen für Jungmitglieder. Zusammen schaffen es die Mitglieder dadurch, nicht nur die Qualität der von ihnen angebotenen Cocktails, sondern auch die Qualitätsstandards des Berufsbilds des Barkeepers ständig zu verbessern. Wir hoffen, Ihnen dieses Wissen und diese Leidenschaft vermitteln zu können, damit auch Sie als Barkeeper in Ihren eigenen vier Wänden glänzen können.

NEUE GOLDENE ZEITEN

In den letzten zehn, zwanzig Jahren hat es in der Barszene eine interessante Entwicklung gegeben: Nicht nur das Handwerk des Barkeepens, sondern auch die Qualität der verwendeten Zutaten steht immer mehr im Vordergrund: Sorgfältig hergestellt, einzigartig und qualitativ hochwertig gilt nicht mehr nur für Lebensmittel, sondern auch für Getränke!

So wie sich Chefköche mit der Qualität der von ihnen verwendeten Zutaten beschäftigen, legen Barkeeper immer mehr Wert darauf, über die Spirituosen, die sie in ihren Bars servieren, genauestens Bescheid zu wissen. Lange Zeit standen bei der Spirituosenwahl vor allem marketingbeeinflusste Kundenwünsche im Vordergrund, mittlerweile werden Massenware und Spirituosen minderer Qualität allerdings aus immer mehr Bars verbannt – und man greift stattdessen zu sorgfältig hergestellten und qualitativ hochwertigen Produkten.

Das heißt nicht, dass große Unternehmen nur Spirituosen minderer Qualität herstellen oder dass ausschließlich kleine Betriebe gute Produkte anbieten – tatsächlich stammen einige der besten Cocktailspirituosen von großen Herstellern –, aber durch das Angebot interessanter und einzigartiger Produkte gewinnt eine Bar an Persönlichkeit und schafft so einen Mehrwert für die Kunden.

Außerdem geht der Trend wieder mehr zum Einfachen: Viele Barkeeper verwenden ganz normale, überall erhältliche Produkte – diese werden allerdings mit sorgfältig ausgewählten oder selbstgemachten Zutaten kombiniert und verfeinert, um so einzigartige Drinks zu kreieren.

Eine weitere interessante Entwicklung ist, dass die Drinks an sich nur noch einen Aspekt des Barerlebnisses darstellen – mindestens genauso wichtig sind der Service und die Atmosphäre, von der Beleuchtung bis zur Einrichtung. Natürlich geht es nach wie vor darum, qualitativ hochwertige und gut gemachte Cocktails anzubieten, aber noch wichtiger ist es, dass sich die Gäste rundum wohl fühlen und ihre Drinks dadurch umso mehr genießen können.

Früher waren Bars zwar luxuriös, aber zugleich auch etwas spießig, heute steht in vielen Bars der Wunsch im Vordergrund, den Gästen das, was sie wollen, möglichst schnell und unkompliziert zu geben. Anders gesagt: Die Kunst des Gastgebens erlebt eine Renaissance.

Mit dem geballten Wissen der United States Bartenders' Guild (USBG), einem Barkeeperverband mit mehr als 70 Ortsverbänden und offiziellem Mitglied der International Bartenders Association (IBA), wird es Ihnen ein Leichtes sein, sich in der modernen Barwelt zurechtzufinden und die Kunst des Mixens und Servierens von Cocktails zu erlernen.

Egal, ob es darum geht, eine Hausbar einzurichten, klassische Cocktails zu mixen oder eine legendäre Party zu schmeißen – dieses Buch steht Ihnen mit Rat und Tat zur Seite.

Prosit!

Lou Bustamante
Ortsverband San Francisco

Basics & Vorbereitung

Schon verstanden – Sie sind durstig. Wahrscheinlich würden Sie am liebsten sofort ins zweite Kapitel blättern und mit dem Mixen Ihrer eigenen Cocktails beginnen, anstatt hier von Vorräten, Zubehör und Barwerkzeug oder der Herstellung von Spirituosen zu lesen. Wenn das so ist, blättern Sie ruhig weiter. Wenn Sie dann aber irgendwann nicht mehr wissen, wohin mit all den Flaschen, die es richtig zu lagern gilt, wenn Sie sich fragen, wie lange Ihre Vorräte eigentlich halten und welche Zutaten und welches Equipment Sie wirklich brauchen, kommen Sie gerne wieder!

Oh, schon zurück? Gut, denn es gibt so viel zu lernen – aber keine Sorge, die Theorie des Barkeepens ist alles andere als langweilig. Also machen Sie es sich in Ihrer Lieblingsbar mit einem Drink gemütlich (oder schnappen Sie sich Ihren ersten selbstgemixten Cocktail, wenn Sie doch schon im zweiten Kapitel geblättert haben) und lassen Sie uns mit einigen Basics beginnen.

Schon klar: Basics – das hört sich nicht so aufregend an wie ein perfekter selbstgemixter Manhatten, aber es ist das Wissen um die Basics und die richtige Vorbereitung, die jeden Cocktail perfekt gelingen lassen, und zwar immer und immer wieder!

MOONSHIN
LEBLON
Rhum J.M
LA FAVORITE
REYKA
Ketel One
BEEFEATER
AVIATION
PLYMOUTH GIN
HENDRICK'S

001 DEN RICHTIGEN DRINK WÄHLEN

Keine Ahnung, welchen Drink Sie zuerst mixen sollen? Hier finden Sie die passenden Cocktails für jede Gelegenheit!

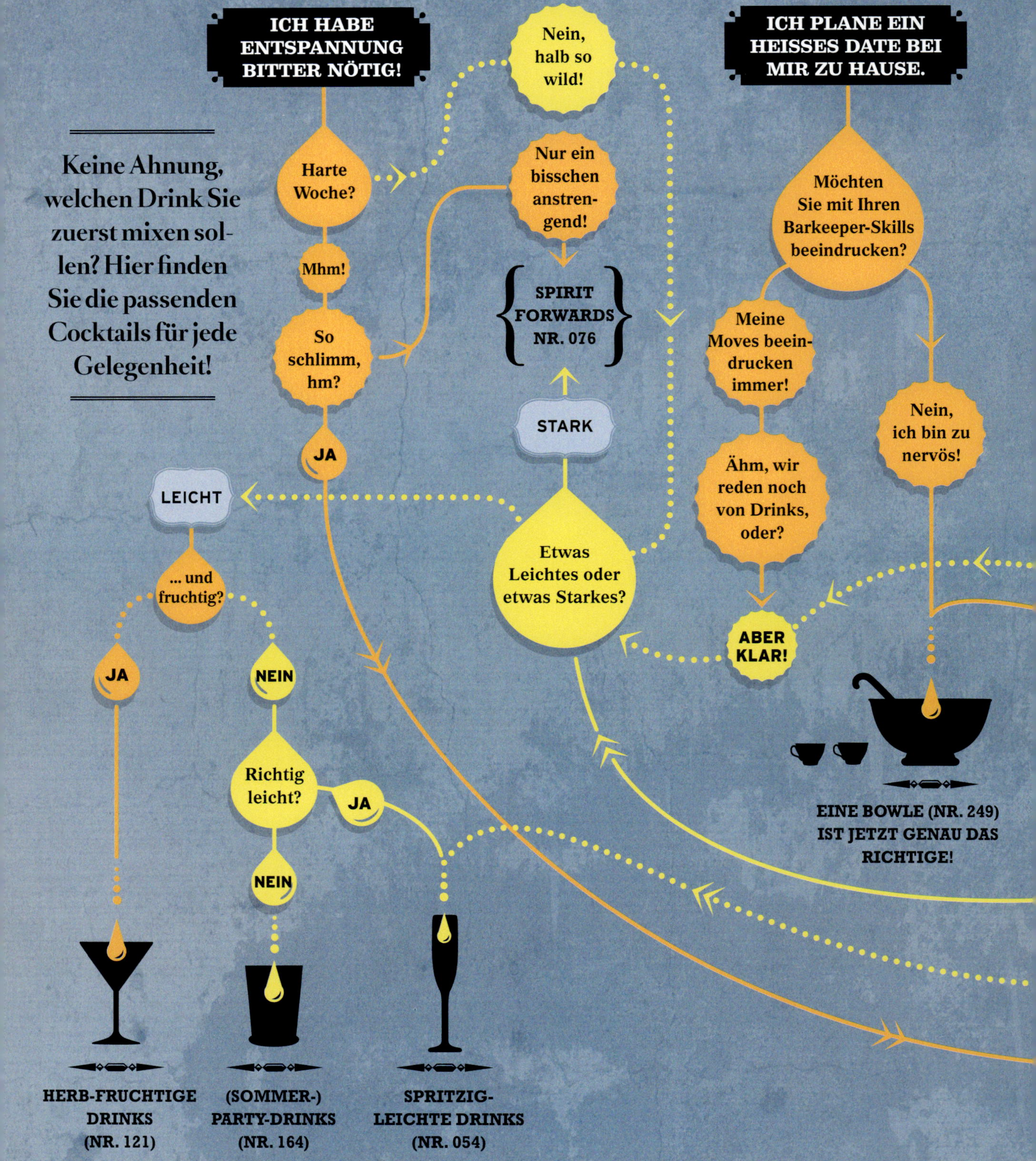

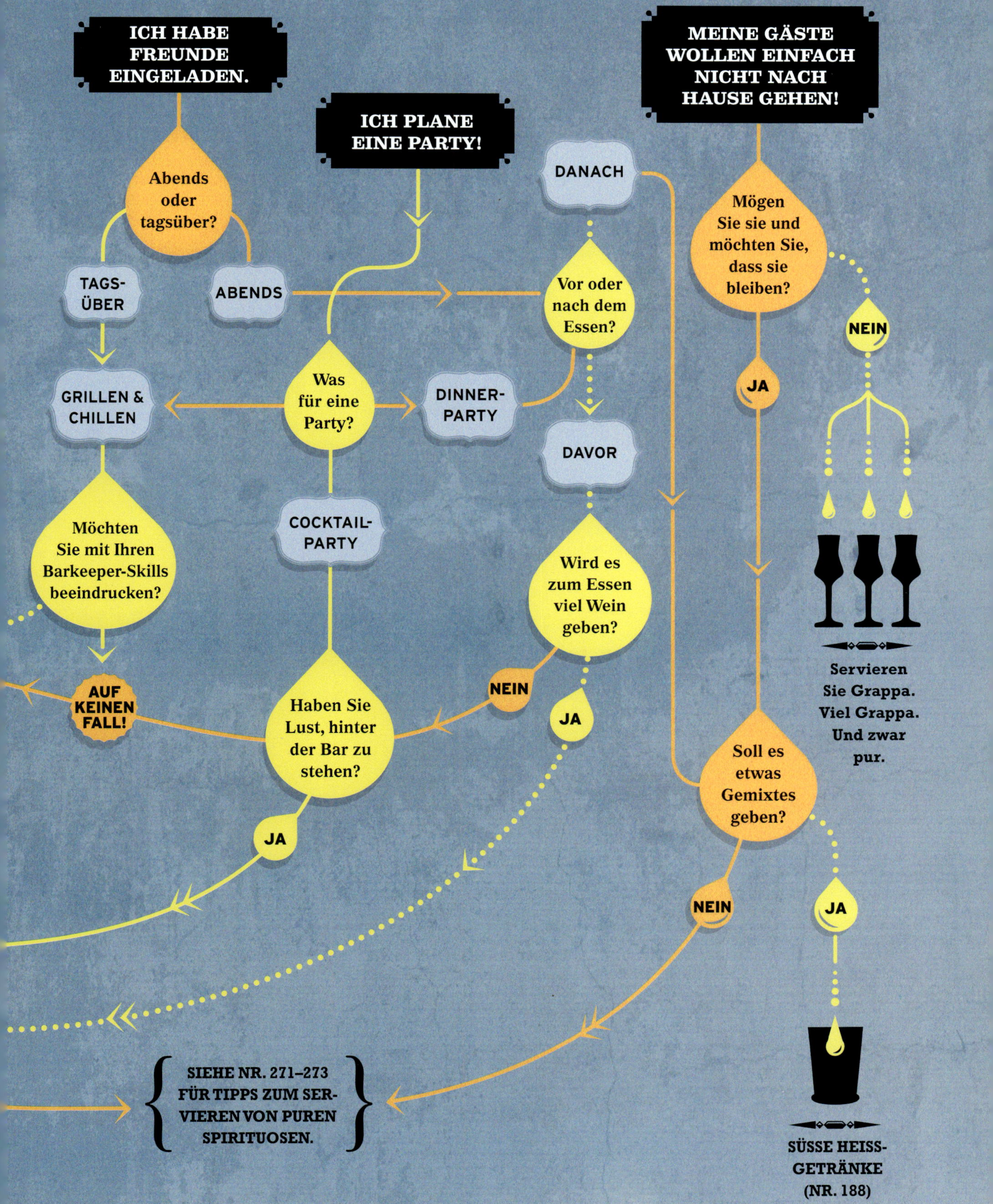

ICH HABE FREUNDE EINGELADEN.
ICH PLANE EINE PARTY!
MEINE GÄSTE WOLLEN EINFACH NICHT NACH HAUSE GEHEN!
Abends oder tagsüber?
TAGS-ÜBER
ABENDS
DANACH
Vor oder nach dem Essen?
Mögen Sie sie und möchten Sie, dass sie bleiben?
NEIN
JA
GRILLEN & CHILLEN
Was für eine Party?
DINNER-PARTY
DAVOR
COCKTAIL-PARTY
Möchten Sie mit Ihren Barkeeper-Skills beeindrucken?
Wird es zum Essen viel Wein geben?
Servieren Sie Grappa. Viel Grappa. Und zwar pur.
AUF KEINEN FALL!
NEIN
Haben Sie Lust, hinter der Bar zu stehen?
JA
Soll es etwas Gemixtes geben?
JA
NEIN
JA
SIEHE NR. 271–273 FÜR TIPPS ZUM SERVIEREN VON PUREN SPIRITUOSEN.
SÜSSE HEISSGETRÄNKE (NR. 188)

002 MIXEN & GENIESSEN

JETZT KANN'S LOSGEHEN

Cocktails selbst zu mixen ist viel leichter, als es auf den ersten Blick scheint: Alles, was Sie brauchen, ist das richtige Equipment und ein paar Grundzutaten, und schon feiern Sie die ersten Erfolge – und was gibt es nach einem anstrengenden Tag oder am ersten sonnigen Tag des Jahres schon Besseres als einen selbstgemixten Cocktail?! Also, los geht's!

LERNEN SIE IN IHRER LIEBLINGSBAR Sie haben keine Ahnung, welche Drinks Sie zubereiten sollen? Dann ab in Ihre Lieblingsbar: Unterhalten Sie sich mit dem Barkeeper – am besten an einem ruhigen Abend –, erzählen Sie ihm, was Sie mögen, und lassen Sie sich einen Drink empfehlen. Oder blättern Sie zu unserem Diagramm „Den richtigen Drink wählen" (Nr. 001) – dort finden Sie den richtigen Cocktail für jede Gelegenheit.

DEM EIGENEN GESCHMACK TRAUEN Die Geschmäcker sind verschieden – vor allem, was Süße, Säure, Bitterkeit und Stärke betrifft. Trauen Sie sich, Rezepte nach Ihrem Geschmack zu verändern, aber probieren Sie auch neue Kombinationen und Geschmacksrichtungen – Sie werden überrascht sein, welche Vielzahl an Aromen es zu entdecken gibt!

003 ÜBUNG MACHT DEN MEISTER

Es ist noch kein Meister vom Himmel gefallen, man muss also schon etwas Zeit investieren, um die Kunst des Cocktailmixens zu erlernen – und vor allem: üben, üben, üben! Hier einige grundsätzliche Tipps, die man beim Mixen im Kopf behalten sollte.

ÜBUNGSPLATZ EINRICHTEN Bevor Sie in eine Hausbar oder einen Barwagen (und teure Spirituosen) investieren, schaffen Sie sich einen Platz zum Üben und Experimentieren, beispielsweise eine Ecke am Küchentresen. Stellen Sie Zutaten und Barwerkzeug bereit und achten Sie darauf, dass alles im Stehen bequem erreichbar ist.

NEUSTARTEN Manchmal klappt es einfach nicht: Von einer Zutat landet zu viel im Drink, oder man verliert den Überblick und vergisst etwas. Jetzt heißt es: Keine Panik, Fehler passieren! Fangen Sie einfach noch einmal von vorne an – denn retten kann man verunglückte Drinks meist sowieso nicht mehr!

NACHBESSERN ERLAUBT Selbst Spirituosen gleicher Art können je nach Hersteller unterschiedlich schmecken – was die Ausgewogenheit der Aromen eines Drinks beeinflussen kann. Unterschiedliche Grade von Süße bei Likören, Eichenaromen bei fassgereiften Spirituosen und Kräuteraromen bei Gins können sogar bei einfachen Rezepten für unterschiedlich schmeckende Ergebnisse sorgen. Geben Sie Drinks bei Bedarf einfach wieder in den Shaker oder das Rührglas und bessern Sie bei Süße oder Säure nach!

MIT BEWÄHRTEM BEGINNEN Kreativ werden können Sie am besten, indem Sie mit einem Cocktail beginnen, der Ihnen schmeckt, und diesen verändern – das ist besser, als wahllos Zutaten zusammenzuschütten. Versuchen Sie einfach, einzelne Zutaten wegzulassen oder auszutauschen. Sie werden überrascht sein, welchen Unterschied schon kleine Veränderungen machen können!

004

COCKTAILTERMINOLOGIE

Für alte Hasen (wie Sie!) sind diese Fachbegriffe sicher kein Problem – für all diejenigen, denen eine kleine Auffrischung nicht schaden kann, hier ein kurzer Überblick über die wichtigsten Cocktail-Fachbegriffe.

AUF EIS/ON THE ROCKS Teure Spirituosen werden meist nur auf Eis, also in einem Old-Fashioned-Glas mit Eiswürfeln, serviert.

BASISSPIRITUOSE Die Basisspirituose bildet, wie der Name schon sagt, die alkoholische Grundlage eines Cocktails oder Mixgetränkes.

FILLER/MIXER Filler sind (meist) alkoholfreie Zutaten, mit denen Cocktails, vor allem Longdrinks, aufgegossen werden. Sie runden die Komposition ab und reduzieren den Alkoholgehalt. Typische Filler sind z. B. Limonaden, Cola, Mineralwasser oder Tonic Water.

LONGDRINK Longdrinks sind Getränke aus einer Spirituose und einem Filler, die in schmalen hohen Gläsern gemixt werden. Manchmal werden Spirituosen und Filler separat serviert, so kann man die Stärke des Longdrinks selbst bestimmen.

NEAT Werden Spirituosen – vor allem hochwertige Produkte – „neat" serviert, bedeutet das, sie werden ohne Eis bei Zimmertemperatur serviert. Anders als bei einem Shot wird die Spirituose in einem Old-Fashioned-Glas serviert und sollte nur genippt werden.

STRAIGHT-UP Wird ein Getränk „straight-up" serviert, bleibt das zur Zubereitung verwendete Eis im Strainer zurück und der Drink wird ohne Eis im vorgekühlten Gästeglas serviert.

TWIST Ein Twist ist ein Stück Zitrusschale, das über einem Drink zerdreht wird – so werden die ätherischen Öle freigesetzt, die dem Cocktail herrliche frische Aromen verleihen. Der Twist wird anschließend meist als Garnitur ins Glas gegeben.

005 WICHTIGE BARWERKZEUGE

→ KORKENZIEHER & FLASCHENÖFFNER Sie brauchen einen Hebelkorkenzieher und einen Flaschenöffner – so ausgerüstet bekommen Sie jede Flasche auf!

→ MUDDLER & HANDPRESSE Mit einem Muddler (einem Stößel) werden frische Kräuter oder Früchte zerdrückt (auch „muddeln“ genannt). Gute Cocktails mixt man außerdem am besten mit frisch gepressten Zitrussäften. Zum Auspressen eignet sich eine Handpresse: Das geht schnell und Saft sowie die ätherischen Zitrusöle aus der Schale landen im Glas. Pressen aus Edelstahl sind leicht zu reinigen.

→ STRAINER (BARSIEB) Es gibt zwei Arten von Barsieben: den Hawthorne-Strainer (Sieb mit Spirale) und den Julep-Strainer (flacher Sieblöffel). Besorgen Sie einen Hawthorne-Strainer – den Julep-Strainer verwendet man vor allem für gerührte Cocktails, die auch mit einem Hawthorne-Strainer einwandfrei gelingen.

→ BARZANGE Zum Bewegen von Eiswürfeln und Garnituren verwendet man eine (Edelstahl-) Barzange, das ist hygienischer und sieht professionell aus.

→ JIGGER/BARMASS Freepouring (freies Einschenken) will gelernt – und geübt – sein. Bis Sie so weit sind, messen Sie Zutaten lieber ab, denn bei einem unausgewogenem Mischverhältnis kann ein Drink schnell ganz anders schmecken als gewollt. Mit doppelseitigen Jiggern ist man schneller, aber weniger flexibel – und außer 2 und 4 cl muss man alle Mengen schätzen. Für Anfänger eignen sich einfache Jigger mit cl-Angaben.

→ COCKTAIL-SHAKER Der Cocktail-Shaker ist ein absolutes Must-have in jeder Bar. Es gibt unterschiedlichste Varianten, am besten eigenen sich allerdings zweiteilige (Metall-)Shaker (Boston- oder French-Shaker). Bei dreiteiligen Shakern mit Sieb besteht die Gefahr, dass die Teile bei mit Eis gekühlten Cocktails zusammenfrieren (Nr. 116).

→ BARLÖFFEL Mit einem Barlöffel werden gerührte Drinks zubereitet und Garnituren wie Cocktailkirschen ins Glas gegeben. Man kann auch einfach einen Teelöffel verwenden, aber ein Barlöffel ist nicht teuer und sieht einfach professioneller aus!

006

AUSGANGSSTOFFE-ABC

Jeder Destilliervorgang beginnt mit der Gärung (oder Fermentation) eines Ausgangsstoffes. Die vergorene Flüssigkeit ähnelt Wein oder Bier, ist aber nicht zum Verzehr geeignet: Sie ist dünn, sauer und meist nicht sehr stark! Aber darum geht es auch gar nicht: Sie dient vielmehr als geschmackliche Basis und bestimmt, wie die Spirituose nach dem Destillieren genannt wird.

GETREIDE Mais, Weizen, Roggen, Reis, Gerste und andere Getreidesorten werden zu Maische verarbeitet und dienen so als Basis für (fassgereifte) Whisk(e)ys und andere Spirituosen wie Wodka oder Gin. Ein Teil des verwendeten Getreides wird dabei gemälzt, das bedeutet, das Getreide darf keimen und Enzyme wie Amylase, die Stärke in Zucker verwandeln, werden freigesetzt. Alternativ können diese Enzyme der Maische auch direkt zugegeben werden. Die vergorene Flüssigkeit sieht malzigem, ungefiltertem Bier sehr ähnlich und schmeckt auch ein bisschen so – allerdings fehlt der Hopfen, wodurch sie eher wässrig ist.

GEMÜSE, KRÄUTER, MILCH Grundsätzlich kann jedes Lebensmittel, das genügend Zucker als Ausgangsprodukt für die Hefe enthält, destilliert werden und damit als Ausgangsstoff für Spirituosen dienen. Gemüse, vor allem Zuckerrüben und Kartoffeln, kommen unter anderem bei der Herstellung von Wodka zum Einsatz – meist werden sie allerdings nur destilliert, um eine Alkoholbasis, die anschließend aromatisiert wird, zu erhalten. Tequila und Mezcal werden aus Agaven hergestellt, Zuckerrohr und Melasse dienen als Basis für Rum, und aus Sorghum (eine Süßgrasart) wird der chinesische (und echt starke) *Baijiu* hergestellt. Es gibt auch Spirituosen aus Milch, Karotten und sogar Ahornsirup – auch die sind gar nicht schlecht.

OBST Gemaischtes und vergorenes Obst erinnert an Wein; durch Destillation wird daraus Weinbrand. Zu den aus Obst hergestellten Spirituosen zählen Cognac (Trauben), Armagnac (Trauben), Calvados (Äpfel), Grappa (Traubentrester), Pisco (Trauben), Sliwowitz (Pflaumen), Kirsch (Kirschen), Williams Christ (Birnen) und Eau de vie (ein besonders aromatischer Weinbrand, der aus Früchten wie Aprikosen, Himbeeren oder Pfirsichen gewonnen wird). Weinbrand wird also nicht nur mit diesen Früchten aromatisiert, sondern tatsächlich aus ihnen hergestellt!

007 DAS GUTE VOM SCHLECHTEN TRENNEN

Unzählige mit kompliziert aussehenden Messinstrumenten versehene glänzende Kupfer- und Edelstahlapparate – der Destillationsvorgang sieht auf den ersten Blick ziemlich komplex aus. Aber so kompliziert ist es gar nicht: Eigentlich wird nur eine Flüssigkeit zum Kochen gebracht! Durch sanftes Erhitzen der Maische verdampfen die flüchtigen Stoffe – Alkohol und Aromastoffe, deren Siedepunkt etwa bei 78 °C liegt –, bevor es das Wasser bei etwa 100 °C tut, und kondensieren anschließend im Kühler. Man unterscheidet dabei folgende Destillationsmethoden:

ALAMBIC Die Destillation mit einem Alambic ist das älteste Destillationsverfahren: Die Methode wurde bereits im 9. Jahrhundert erfunden! Heute werden mithilfe des Alambics erlesene Cognacs und Weinbrände destilliert. Der gewölbte Destillierhelm und der lange Schwanenhals bieten reichlich Kondensationsfläche, so werden feine Wassertröpfchen und Unreinheiten aus dem Destillat gefiltert.

BRENNBLASE Auch der Alambic ist genau genommen eine Brennblase, aber nicht jede Brennblase ist ein Alambic. In ihrer einfachsten Form ist eine Brennblase ein Hohlkörper, der über einer Hitzequelle platziert wird, wobei sich das Destillat in einem Brennhut (einer Art Deckel) sammelt und anschließend durch ein Rohr abfließen. Das ist nicht die effizienteste Methode, aber das Endprodukt überzeugt durch intensiven Geschmack und kräftige Aromen.

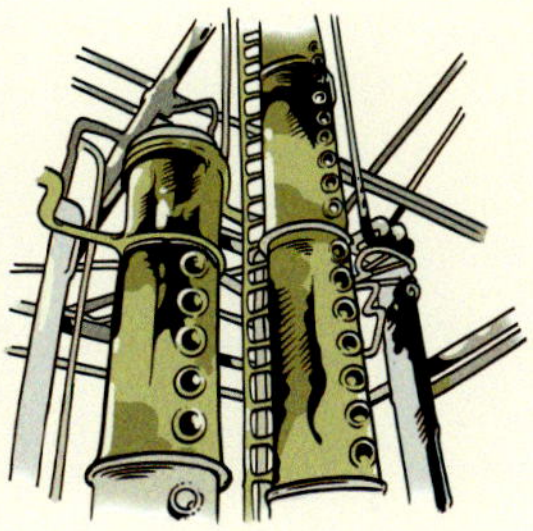

KOLONNENAPPARAT Ein Kolonnenapparat ist eine Art riesige Metallsäule, die mit Glockenböden und Ventilen, an denen die Alkohol- und Wasserdämpfe kondensieren, versehen ist. Dieses Destillationsverfahren kommt meist dann zum Einsatz, wenn weniger Unreinheiten (weniger Geschmack) und ein höherer Alkoholgehalt gewünscht sind, etwa bei der Destillation von Wodka oder der Herstellung von Agraralkohol. Ein oder mehrere Kolonnenapparate können hinter eine Brennblase geschaltet werden.

DESTILLATIONSKOLONNE Eine Destillationskolonne besteht aus mehreren Kolonnenapparaten – meist handelt es sich dabei um ausgeklügelte Systeme, mit denen sich außerordentlich effizient mittel- und hochprozentige Spirituosen herstellen lassen. Eine Brennblase muss nach jedem Destillationsvorgang gereinigt werden, beim kontinuierlichen Brennen mit einer Destillationskolonne ist es – wie der Name schon sagt – möglich, kontinuierlich Maische in die Kolonnen zu geben und gezielt gewünschte Alkoholgehalte zu destillieren.

008 { GRUNDLAGEN DER FASSLAGERUNG }

Schon die alten Römer ließen Spirituosen in Fässern reifen – und schon damals waren Eichenfässer besonders beliebt. Durch den (langen) Reifeprozess werden intensive und sehr starke Spirituosen etwas milder und nehmen zugleich die Aromen des jeweiligen Fasses auf. Worauf es dabei ankommt? Auf das richtige Fass natürlich!

HOLZART Grundsätzlich werden zur Fassherstellung zwei verschiedene Eichenarten verwendet: die amerikanische Weißeiche und die französische Eiche. Die amerikanische Eiche ist reich an Lacton – zarte Kokos- und Pfirsicharomen – und Lignin – feines Vanillearoma. Die Intensität dieser Aromen wird durch das Trocknen des Holzes im Brennofen noch verstärkt. Das Holz der französischen Eiche enthält weniger Tannine, was zum Teil daran liegt, dass das Holz der französischen Eiche meist einige Jahre gelagert wird, bevor es zu Fässern verarbeitet wird. Tannine sind zwar bitter, verleihen aber volles Aroma. Hemizellulosen, die für zarte Röstaromen sorgen, sind in beiden Holzarten enthalten: Wie Lignin werden sie in Zucker umgewandelt und nehmen dem Alkohol die Bitterstoffe.

AUSBRENNEN Werden Fässer über offenem Feuer ausgebrannt, beeinflusst das den Geschmack des Destillats grundlegend – und zwar dank des karamellisierten Holzzuckers, der erhöhten Vanillinkonzentration, den Röstaromen (Furan-Aldehyd) und den rauchigen und scharfen Noten (Eugenol). Manche Fässer werden verkohlt, dadurch bildet sich im Fassinneren Holzkohle, die stark riechende Schwefelstoffe absorbiert.

ALKOHOLGEHALT Der Alkoholgehalt (Vol.-%) eines im Fass gereiften Destillats spielt beim Reifeprozess eine wichtige Rolle. Die Inhaltsstoffe von Eichenholz sind in Alkohol leichter löslich als in Wasser – anders gesagt: Whisk(e)y nimmt mehr Holzaromen auf als Wein. Und noch wichtiger: Der Alkoholgehalt verändert sich, wenn das Fass altert, da Wasser und Alkohol durch das poröse Holz schneller verfliegen.

OXIDATION Die wasserdichte und doch luftdurchlässige Beschaffenheit des Holzes sorgt dafür, dass Stoffe verfliegen, zugleich aber Sauerstoff zugeführt wird. Beim Wein sorgt der Sauerstoff vor allem dafür, dass die Farbe erhalten bleibt, aber er reagiert auch mit dem Alkohol und den ätherischen Ölen des Eichenholzes, wodurch sich sowohl beim Wein als auch bei Spirituosen bestimmte Aromen besser entfalten.

WIEDERVERWENDUNG Wenn nicht so starke Eichenaromen gewünscht werden oder wenn die Aromen des Destillats im Vordergrund stehen sollen – etwa bei Tequila, Scotch und Brandy –, verwendet man benutzte Fässer: Die Eichenaromen sind so weniger intensiv, aber die Spirituosen profitieren trotzdem von der Oxidation.

009

FASS IST NICHT ALLES

Die Fassreifung sorgt zwar für intensive Aromen, sie ist aber nicht alles – und es kann einiges schiefgehen. Wenn Sie gutes Geld für ein gereiftes Produkt ausgeben wollen, probieren Sie es zuerst in einer Bar – und glauben Sie nicht alles, was man Ihnen erzählt.

→ ÄLTER IST NICHT IMMER BESSER Es stimmt nicht, dass Spirituosen grundsätzlich besser sind, je älter (und teurer) sie sind. Manchmal trifft das zu, aber eben nicht immer: Spirituosen, die zu lange reifen, nehmen zu viele Inhaltsstoffe wie etwa Tannine aus dem Holz auf, wodurch sie bitter werden und die Holzaromen alle anderen Aromen übertünchen.

→ ALTER IST NICHT MIT GESCHMACK GLEICHZUSETZEN Leichte und frische Aromen gehen bei zu langer Reifezeit im Fass verloren. Brandys, Tequila und sogar Weine können so regelrecht verkümmern: Als würde eine dicke Schicht Holzgeschmack all die fruchtigen Aromen verschwinden lassen.

→ FASSALTER KANN TÄUSCHEN Das Klima des Ortes, an dem das Fass reift, hat Einfluss darauf, wie viele der Holzinhaltsstoffe im Endprodukt landen. Spirituosen, die bei kälteren Temperaturen im Fass reifen, altern langsamer als solche, die in den Tropen lagern – da Wärme den Alterungsprozess beschleunigt und Kälte ihn verlangsamt. Schottischer Whisky reift daher automatisch länger als jamaikanischer Rum.

→ IN FLASCHEN ALTERN SPIRITUOSEN NICHT Tut mir leid, aber dieser besondere 20 Jahre alte Scotch, der seit fünf Jahren im Regal steht, ist nicht 25 Jahre alt – die Reifung findet nur im Fass statt. (Generell ist bei der Lagerung von Spirituosen Vorsicht geboten – siehe Nr. 010!)

010

DAS 1 X 1 DER LAGERUNG

Die richtige Lagerung von Spirituosen und anderen Zutaten sorgt nicht nur dafür, dass selbstgemixte Cocktails gut schmecken, sondern auch dafür, dass die teuren Zutaten, die man eigentlich genießen will, nicht im Abfluss landen (müssen). Die meisten Spirituosen wie Gin, Wodka, Tequila, Mezcal und Whisk(e)y sind unbegrenzt haltbar und auch Kräuter- und Zitrusliköre wie Triple Sec halten lange. Beachten Sie dennoch immer die folgenden einfachen Regeln.

FLASCHEN STEHEND LAGERN Bei Weinflaschen mag es in Ordnung sein, sie liegend zu lagern, aber für Spirituosen mit höherem Alkoholgehalt gilt das nicht. Bei Flaschen mit Naturkorkverschluss kann es sein, dass sich bei liegender Lagerung der Korken auflöst – die Folge: Korkablagerungen in der Flasche oder auslaufende Spirituosen!

KÜHL UND DUNKEL LAGERN Sonnenlicht und Hitze sind schlecht für Spirituosen – es kommt zu Ablagerungen und Veränderungen in Farbe und Geschmack. Entweder schmecken sie dann seltsam oder sie verlieren ihren Geschmack ganz. Wenn Sie Ihre Sammlung bewundern lassen möchten, denken Sie daran: Nur leere Flaschen dürfen ins Regal!

GUT VERSCHLOSSEN LAGERN Achten Sie darauf, dass die Verschlüsse oder Korken auch wieder auf den dazugehörigen Flaschen landen. Nur gut verschlossen machen Spirituosen lange Freude!

VERTRAUEN SIE IHREN SINNEN Sie sind nicht sicher, ob eine Spirituose noch genießbar ist? Trauen Sie Ihrer Nase! Wenn die Flüssigkeit seltsam riecht oder Ihnen irgendetwas anderes ungewöhnlich vorkommt, stimmt das meist. Noch immer unsicher? Probieren Sie – ein kleiner Schluck schadet nicht, da hochprozentige Spirituosen nicht verderben, sie schmecken höchstens schlecht!

011

KLEIN, ABER OHO!

Viele aromatisierte Weine, wie Wermut, die in zahlreichen Cocktails zum Einsatz kommen, sind mittlerweile in den meisten Geschäften auch in praktischen kleinen Flaschen erhältlich. Eine kleine 375-ml-Flasche reicht absolut aus – beispielsweise für etwa zwölf normale Manhattans oder 24 Gin Martinis. Außerdem ist Wermut geöffnet nur etwa zwei Monate haltbar – und wie bei jedem anderen Wein gilt auch hier: je frischer, desto besser.

012 HALTBARKEITS-KUNDE

Auch als Cocktail-Neuling haben Sie vermutlich noch einige Spirituosen und andere Zutaten zu Hause. Bevor Sie loslegen, sortieren Sie aber lieber aus: Sie können sich nicht mehr daran erinnern, wann Sie eine Flasche geöffnet haben? Dann besser weg damit!

PRODUKT	KÜHLSCHRANK?	HALTBARKEIT (GEÖFFNET)
Crèmelikör	Ja	12 Monate; selbstgemacht: 3 Wochen
Fruchtlikör (aus Früchten, nicht aromatisiert)	Ja	hängt vom Fruchtgehalt und den verwendeten Früchten ab
Wermut	Ja	2 Monate, aber: je frischer, desto besser!
Cocktailsirup	Ja	2 Monate
Zuckersirup 1:1	Ja	3–4 Wochen
Grenadine	Ja	3 Monate
Lime Juice Cordial	Nein	3 Monate
Cocktailkirschen	Ja	6 Monate
Martini-Oliven	Ja	12 Monate
Fruchtsaft (gekauft oder frisch)	Ja	hängt vom Obst und der Oxidation ab; 2–5 Tage
Cocktailbitter	Nein	Bis die Flasche leer ist!

013 BACKBAR BESTÜCKEN

Als Cocktail-Neuling ist es gar nicht so einfach, sich zu entscheiden, welche Spirituosen man kaufen soll. Es gibt Produkte von unterschiedlichsten Herstellern und die Auswahl ist schlicht überwältigend – nicht nur für Anfänger!

Gehen Sie, wenn möglich, anstatt in einen Supermarkt in ein Spirituosengeschäft, denn hier haben Sie den Vorteil von gutem Service: Die Mitarbeiter in Spezialitätengeschäften wissen über ihre Ware Bescheid, denn meist probieren sie ihre Produkte und wissen, wie sie schmecken – das heißt, hier können Sie sich wirklich professionell beraten lassen.

Kaufen Sie nicht gleich die teuersten Produkte, sondern halten Sie sich an qualitativ hochwertige Produkte mittlerer Preisklasse. Qualitativ hochwertige helle Spirituosen wie Wodka und Gin sind schon für 20–30 Euro erhältlich.

Kaufen Sie nicht alles auf einmal: Besorgen Sie zuerst die Zutaten, die Sie für die Zubereitung eines Cocktails brauchen, der Ihnen schmeckt. Wählen Sie dann das nächste Rezept und kaufen Sie, was noch fehlt – schon bald haben Sie eine Spirituosensammlung, die Ihrem Geschmack entspricht.

014 { BASISVORRAT SPIRITUOSEN }

Damit Sie ein Gefühl dafür bekommen, welche Spirituosen man auf jeden Fall im Haus haben sollte, hat USBG-Barkeeper Kevin Diedrich (Ortsverband San Francisco) vom PCH (Pacific Cocktail Haven) je eine ideale Vorratsliste für Anfänger und für fortgeschrittenere Barkeeper zusammengestellt. Mit diesem Basisvorrat können Sie die meisten der in diesem Buch enthaltenen Cocktails zubereiten!

ANFÄNGER

- Wodka
- Gin
- Rum
- Tequila
- Bourbon
- Rye
- Blended Scotch
- Süßer Wermut (klein)
- Trockener Wermut (klein)
- Angosturabitter
- Peychaud's Bitter
- Orangenbitter
- Triple Sec
- Maraschino
- Bénédictine

FORTGESCHRITTENE/ PROFIS

Wie Anfänger, aber zusätzlich

- Mezcal
- Chartreuse
- Lillet Blanc
- Absinth
- Cognac
- Brauner Rum
- Weißer Rum
- Campari

015 { MEHR MUT ZU WERMUT – UND SHERRY }

Sherry und Wermut sind aufgespritete Weine, das bedeutet, sie werden mit einer destillierten Spirituose angereichert, um den Gärungsprozess zu unterbrechen. Meist werden sie pur getrunken, aber sie kommen auch in zahlreichen Cocktails zum Einsatz.

SHERRY Ursprünglich kommt der Sherry aus Spanien, wo unterschiedlichste Sherryarten hergestellt werden – von trockenem Fino oder Manzanilla bis hin zu süßem Cream und Pedro Ximénez. Manche Sherryarten reifen unter einer Schicht Florhefe, die die Flüssigkeit vor Sauerstoff schützt, andere, wie Manzanilla Pasada, Amontillado, Palo Cortado und Oloroso, lässt man bewusst oxidieren – denn der Oxidationsprozess sorgt für vollmundigen Geschmack und interessante Nussaromen.

Den weniger hochprozentigen Sherrysorten tut es nicht gut, Sauerstoff ausgesetzt zu sein – sie sollten daher wie Wein nach dem Öffnen sofort verbraucht werden. Einige oxidierte Sherryarten wie Amontillado halten länger, allerdings kann sich ihr Geschmack im Laufe der Zeit verändern.

WERMUT Der Name Wermut kommt ursprünglich aus dem Germanischen und bezeichnet das namensgebende Wermutkraut. Trotz der Aufregung, die im Zusammenhang mit den halluzinogenen Eigenschaften des Wermuts im Absinth besteht, hat sich noch nie jemand beschwert, nach einem Glas Wermut grüne Feen zu sehen – dennoch wurde die verwendete Menge des Wermutkrauts bei vielen Herstellern reduziert.

Es gibt unterschiedlichste Wemutarten: trockener (oder französischer) Wermut, weißer Wermut (eine süße Variante des trockenen Wermuts), roter (auch süßer oder italienischer) Wermut und Rosé Wermut. Auch der Geschmack variiert – sogar bei gleichen Arten –, denn wie bei Wein hat jeder Hersteller seine eigene Rezeptur. Kaufen Sie kleine Flaschen und finden Sie heraus, welcher Ihnen am besten schmeckt.

016

BIER- & WEINVORRAT

Wenn Sie eine Bar einrichten, denken Sie nicht nur an Hochprozentiges – auch Bier und Wein dürfen in einer guten Bar nicht fehlen! Wenn Sie nicht gerade Sangria (Nr. 177), einen *Michelada* (Nr. 182) oder Biercocktails (z. B. Nr. 180) servieren, werden Bier und Wein meist pur getrunken. Folgendes sollten Sie daher beachten: 1. Die Sorte, die Sie wählen, sollte zum Anlass passen: Eine ungezwungene Stehparty ist zum Beispiel nicht gerade die richtige Gelegenheit für extravaganten Wein aus teuren Gläsern; 2. Achten Sie bei der Getränkeauswahl auf das Preis-Leistungs-Verhältnis und 3. darauf, was es zu essen geben soll: Manchmal ist das einfach (Käse passt zu fast allem!), manchmal erfordert es aber auch etwas Planung. Egal, wofür Sie sich entscheiden: Informieren Sie sich über das Weingut oder die Brauerei – auch wenn das Produkt nicht so teuer ist, macht das Eindruck. Außer, Sie servieren Getränke von Supermarkthausmarken – damit kann man nicht punkten!

017

OH SÜSSE, SÜSSE LIKÖRE

Liköre sind die ältesten destillierten Spirituosen – genau genommen sind sie aber nichts anderes als gesüßter Alkohol. Zunächst waren Liköre die Spezialitäten der Mönche – sie verwendeten Alkohol als Trägerstoff, um medizinische Kräuterelixiere herzustellen und süßten diese, um sie genießbar zu machen.

Heute werden Liköre durch Destillation, Infusion oder die Zugabe von Extrakten aromatisiert – und um als Likör zu gelten, müssen Spirituosen mindestens 100 g Zucker pro Liter enthalten. Crèmeliköre sind besonders süße Liköre mit einem Zuckergehalt von mindestens 250 g pro Liter. Sie verdanken ihren Namen ihrer sirupartigen, cremigen Konsistenz (was wiederum am hohen Zuckergehalt liegt!).

018

VORSICHT BEIM ZUCKERGEHALT

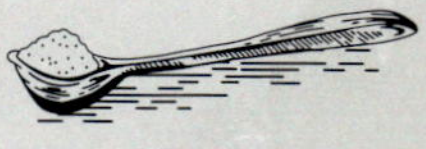

Denken Sie daran, dass der Süßegrad bei Likören stark variieren kann – von 100 bis 250 g Zucker pro Liter –, was auf dem Etikett nicht angegeben wird! Liköre anderer Marken oder Liköre, die man nicht kennt, sollte man daher vor dem Servieren unbedingt probieren – mixen Sie dafür einfach einen kleinen Probierdrink mit der Hälfte der im Rezept angegebenen Zutaten. Und denken Sie daran: Kalt schmecken Drinks weniger süß als bei Zimmertemperatur – also warten Sie kurz, bevor Sie probieren.

019

KLEINE LIKÖRKUNDE

Es gibt so viele unterschiedliche Liköre – und auch wenn Sie nicht mehr als ein paar Sorten für Ihre Hausbar brauchen, kann es nicht schaden, zu wissen, welche Varianten und Unterschiede es gibt.

KRÄUTERLIKÖRE Kräuterliköre wurden ursprünglich wegen ihrer gesundheitsförderlichen Wirkung getrunken. Einige enthalten nur eine Kräuterart (Crème de Menthe – Minze), bei anderen kommen mehrere Kräuter zum Einsatz (Chartreuse – 130 verschiedene Kräuter).

BITTERLIKÖRE Bitterliköre können sowohl vor (Aperitif) als auch nach dem Essen (Digestif) serviert werden. Sie werden meist aus Kräutern oder Gewürzen hergestellt und zeichnen sich durch ihren bitteren Geschmack aus, den sie Zutaten wie Chinarinde und Enzianwurzel verdanken. Der bittere Geschmack kann aber auch durch die Zugabe von Hopfen oder Zitrusschale erreicht werden.

FRUCHTLIKÖRE Zur größten Kategorie der Liköre, den Fruchtlikören, zählen alle Liköre, die aus Früchten wie Himbeeren, Aprikosen, Birnen usw. gewonnen werden. Fruchtliköre sind am anfälligsten für Oxidation, also lieber Flaschen kaufen und geöffnete Produkte zügig verbrauchen.

ZITRUSLIKÖRE Zitrusliköre wie Triple Sec oder Curaçao sind echte Zauberzutaten: Sie verleihen Drinks eine Spritzigkeit, die man durch Zitrussaft allein nicht erreicht – damit sind sie ein Must-have, das auch in Ihrer Hausbar auf keinen Fall fehlen sollte!

SLOE GIN Dieser auch Schlehenfeuer genannte Likör auf Ginbasis wird mit säuerlichen Schlehen- und Wacholderbeeren und anderen Kräutern aromatisiert.

CRÈMELIKÖRE Liköre auf Sahnebasis sind besonders gehaltvoll. Gekühlt halten sie sehr lange – aber sie überzeugen nicht nur durch ihre Haltbarkeit, sondern vor allem durch ihren Geschmack!

KAFFEELIKÖRE Aufgrund des enthaltenen Koffeins und der Kaffeearomen sind diese Liköre eine tolle Alternative zum Espresso nach dem Essen.

SCHOKOLADENLIKÖRE Der bekannteste Schokoladenlikör ist der Crème de Cacao, aber es gibt mittlerweile zahlreiche unterschiedliche Varianten – die alle durch ihre volle Schokoladenaromen überzeugen.

GEWÜRZLIKÖRE Stellen Sie sich einfach Ihr Gewürzregal vor – allerdings in verflüssigter Form: Ingwer, Safran, Allspice oder Anis – der Fantasie sind keine Grenzen gesetzt!

NUSSLIKÖRE Perfekt geeignet zum Backen – und für Cocktails. Die beliebtesten Varianten sind Mandel-, Haselnuss- und Walnusslikör.

BLÜTENLIKÖRE Blütenliköre sind wie trinkbare Düfte: von Holunderblüten bis Veilchen, Hibiskus, Mohn und Rose – ein regelrechter Blütengarten, der jede Bar aufwertet. Wie bei duftenden Lebensmitteln kann zu viel des Guten Cocktails allerdings seifig schmecken lassen.

020 DIE BITTERE WAHRHEIT

Nach der ältesten schriftlichen Definition im *The Balance, and Columbian Repository* von 1806 besteht ein Cocktail aus einer Spirituose, Zucker, Wasser – und Bitter. Nach der modernen Definition sind Bitter zwar kein Muss, aber dennoch unverzichtbar für viele Cocktails. Schon einige Spritzer dieser mit Kräutern aromatisierten Tinkturen verleihen jedem Drink unglaublichen Geschmack! Die wichtigsten Bittersorten sind Aroma-, Creole und Orangenbitter.

AROMABITTER

Aromabitter sind Standardzutaten in vielen Drinks, wie etwa dem Manhattan. Diese Bitterart kennt man hauptsächlich unter dem Namen des legendären Angosturabitter, der seit 1824 produziert wird – das große Etikett, der gelbe Verschluss und die kräftigen Aromen der herb-bitteren Enzianwurzel sind unverkennbar. Angostura ist allerdings nicht die einzige Aromabitterart, also Augen auf: Es gibt zahlreiche interessante Sorten!

CREOLE BITTER

Der kirschrote Creole Bitter ist der blumige Gegensatz zum Aromabitter. Der bekannteste Bitter dieser Art ist der Peychaud's, der seit etwa 1830 in New Orleans hergestellt wird.

ORANGENBITTER

Auch die mit getrockneten Orangenschalen (die für Bitteraromen sorgen) aromatisierten Orangenbitter sind echte Klassiker. Oft enthalten sie zusätzlich Koriander und Kardamom.

Wenn Ihnen diese Bittersorten zu langweilig werden, wagen Sie sich auch an andere Varianten – fast jedes erdenkliche Aroma ist auch in Form eines Bitters erhältlich! Manche sind sehr speziell und damit nur für eine Handvoll Drinks geeignet, aber es gibt unzählige großartige Geschmacksrichtungen, wie Schokolade, Lavendel und Sellerie, die für Abwechslung sorgen und vielfältig einsetzbar sind.

021 { FILLER/ MIXER }

Wenn wir hier von Mischgetränken sprechen, dann sicher nicht von den vielen mittlerweile kommerziell erhältlichen Fertig-Cocktails. Die meisten Drinks enthalten nur wenige Zutaten – dass es sie schon fertig gemixt zu kaufen gibt, ist verrückt. Bestücken Sie Ihre Bar lieber mit diesen Fillern bzw. Mixern und mixen Sie Ihre Drinks selbst!

FILLER/MIXER

- Cola
- Zitronenlimonade
- Sodawasser*
- Mineralwasser*
- Ginger Beer**
- Ginger Ale**
- Tonic Water
- Tonic-Sirup
- Bloody Mary***
- Orgeat (Mandelsirup)
- Falernum (Limette, Nelke, und Ginger Cordial)
- Grenadine
- Lime Juice Cordial

* Entgegen der landläufigen Meinung ist Sodawasser nicht dasselbe wie Mineralwasser. Mineralwasser ist mit Kohlensäure versetztes Wasser, Sodawasser hingegen wird mit Salzen (meist mit Alkalisalzen wie Natron) angereichert, um der Versäuerung durch die Kohlensäureanreicherung entgegenzuwirken. Sie schmecken unterschiedlich und werden unterschiedlich verwendet.

** Ginger Beer wird meist fermentiert und enthält mehr Ingwer als Ginger Ale. Ginger Ale ist süßer und weniger stark und enthält meist nur Ingweraroma.

*** Das Rezept für selbstgemachte Bloody Mary finden Sie bei Nr. 183, aber es kann nicht schaden, einen Fertigmix im Haus zu haben, denn eine Bloody Mary wirkt bei einem Kater echte Wunder – und mit einem Fertigmix ist das Anti-Kater-Wundermittel im Handumdrehen zubereitet!

022

TONIC-WATER-VARIANTEN

Tonic Water ist ein chininhaltiges Erfrischungsgetränk, das meist mit pflanzlichen Zusatzstoffen aromatisiert wird. In Kombination mit Spirituosen hebt es bestimmte Geschmackskomponenten hervor – das heißt, Sie können Ihren Lieblingsgin oder -wodka ganz neu entdecken! Mittlerweile gibt es ein breites Angebot unterschiedlichster Tonic-Water-Varianten – die perfekte Gelegenheit, um Freunde zu einem Geschmackstest einzuladen!

GEKAUFT Auch wenn Sie Tonic-Sirup bevorzugen, kann es nicht schaden, einige kleine Flaschen Tonic Water im Haus zu haben – perfekt für alle, die spritzige, kristallklare Cocktails lieben!

SIRUP Wenn Ihnen weniger Kohlensäure gerade recht ist und es Ihnen nichts ausmacht, wenn Drinks leicht trüb sind, ist Tonic-Sirup die richtige Wahl. Tonic-Sirup ist außerdem so geschmackvoll, dass er auch nur mit Mineralwasser gemischt gut schmeckt – eine tolle Wahl für alle autofahrenden Partygäste!

023 SAFT MARSCH!

Wie viel Saft erhält man eigentlich, wenn man frische Früchte auspresst? Die folgenden Werte gelten für je eine handelsübliche mittelgroße Zitrusfrucht.

LIMETTE = 3 CL SAFT

ZITRONE = 4,5 CL SAFT

ORANGE = 7,5 CL SAFT

GRAPEFRUIT = 10 CL SAFT

GROSSES BECHERGLAS Dieser Glastyp ist ein Allroundgenie: Es eignet sich, um Drinks zuzubereiten, aber auch, um sie zu servieren. Meist bestehen Bechergläser aus dickwandigem Hartglas.
500 ml

MARTINIGLAS Der Name täuscht: Nicht nur Martinis, sondern auch geshakte Drinks wie der Cosmopolitan (Nr. 134) oder der Lemon Drop (Nr. 137) werden in diesem klassischen Cocktailglas serviert.
250 ml

COUPETTEGLAS In diesen edlen Schalen wurde ursprünglich Champagner ausgeschenkt, heute verwendet man sie auch für klassische gerührte und geshakte Cocktails wie etwa Daiquiris (Nr. 122).
160–250 ml

024 JEDEM DRINK SEIN GLAS

Abgesehen davon, dass man irgendein Behältnis braucht, um einen Cocktail zu servieren, ist das Glas auch ein essentieller Bestandteil eines guten Cocktails. Gläser müssen kein Vermögen kosten (Manche Barkeeper kaufen ihre Gläser sogar auf dem Flohmarkt!), aber sie sollten für den jeweiligen Drink geeignet sein.

Die Form des Glases hat Einfluss auf den Geschmack des Cocktails, vor allem bei „neat" servierten Drinks. Probieren Sie es aus: Schenken Sie Ihren Lieblingsdrink in unterschiedliche Gläser und riechen und probieren Sie ihn – die Unterschiede sind verblüffend!

Auch die Größe der Gläser spielt eine Rolle – hier gilt: Kleiner ist besser, denn zwei kleine, kalte, frisch zubereitete Cocktails sind besser als ein riesiger Drink, der schnell warm wird. Und wenn man einen „normal großen" Cocktail in einem riesigen Becherglas serviert, kann das schnell geizig aussehen – verwenden Sie lieber kleine Gläsern und schenken Sie öfter nach!

OLD-FASHIONED-GLAS Dieser Glastyp ist perfekt für Drinks wie den namensgebenden Old Fashioned (Nr. 085), den Sazerac (Nr. 097) oder den Negroni (Nr. 057), bei denen der Fokus auf der Spirituose liegt.
310–375 ml

NICK-AND-NORA-GLAS Martinis (Nr. 100–106) und andere gerührte Cocktails können auch gut in diesem Glas serviert werden. Perfekt für Cocktailempfänge!
160 ml

COLLINSGLAS Dieser Glastyp ist perfekt für Longdrinks in allen Variationen und frische Sommerdrinks wie den Pimm's Cup (Nr. 171). Ähnlich: das etwas breitere Highballglas.
350 ml

CHAMPAGNERTULPE In diesem eleganten Glas werden Champagner sowie Champagner- und Schaumwein-Cocktails wie der Mimosa (Nr. 067) oder der Bellini (Nr. 064) serviert.
160 ml

025 BESONDERE GLÄSER – FÜR BESONDERE DRINKS

Diese etwas ausgefalleneren Gläser sind zwar nicht essentielle Bestandteile einer Hausbar, aber wenn Sie schon etwas fortgeschrittener shaken und mixen, macht es richtig Spaß, jeden Cocktail im passenden Glas zu servieren. Anders gesagt: Das sind Gläser für echte Liebhaber!

Als Anfänger reicht es hingegen, einige klassische Gläser zur Hand zu haben: Weingläser sind beispielsweise echte Alleskönner, sie eignen sich für fast alle pur servierten Drinks wie Whisk(e)ys, Kräuterliköre, Aperitifs und Digestifs, heiße Drinks kann man ganz klassisch in Kaffeebechern servieren, eine große Glasschüssel oder eine ausgehöhlte Wassermelone sind tolle Bowlegefäße, und einfache Becher- oder Collinsgläser sind perfekt für Tiki-Cocktails und so gut wie alle Longdrinks, die mit viel Eis serviert werden.

Aber irgendwie hat es auch etwas, einen Cocktail aus dem genau dafür gedachten Glas zu servieren: An einem heißen Sommertag gibt es nichts Besseres als einen Moscow Mule aus einem eiskalten Kupferbecher, und ein exotischer Cocktail schmeckt im passenden Tiki-Becher irgendwie einfach doppelt so gut.

WHISK(E)YGLAS Pur servierte Spirituosen wie Brandy oder Whisk(e)y können ihre Aromen in diesem Glas besonders gut entfalten. Wir empfehlen das Glencairn-Glas von Stölzle. **180 ml**

CORDIAL-GLAS Cordial-Gläser sind klein und geschwungen – perfekt für Digestifs wie Grappa, Eau de vie und Liköre. **60–125 ml**

TIKI-BECHER Tiki-Cocktails serviert man in diesen reichverzierten Bechern – mit so einem Cocktail in der Hand fühlt man sich sofort wie an einem Strand irgendwo in der Karibik! **375–500 ml**

JULEP-BECHER Der glänzende Zinnbecher ist perfekt für Mint Juleps (Nr. 176), aber auch für alle anderen Drinks, die mit Crushed Ice serviert werden. Der Cocktail bleibt schön kalt und das Eis schmilzt nicht so schnell – für unverwässerten Geschmack! **375 ml**

KUPFERBECHER Mules (oder Bucks) wie der Moscow Mule (Nr. 169) werden klassischerweise in Kupferbechern serviert, aber diese Becher eignen sich auch für andere Drinks mit Eis und Limonade. **375–500 ml**

BOWLE Ein großes Bowlegefäß aus Glas ist perfekt, wenn man Gäste empfängt und Drinks in größeren Mengen oder Bowle zubereiten möchte – beispielsweise den Fish House Punch (Nr. 250)! Die perfekte Wahl für Sommerpartys. **Unterschiedliche Größen**

IRISH-COFFEE-GLAS Irish Coffee (Nr. 194), andere heiß servierte Drinks und geschichtete Cocktails (Nr. 245) serviert man am besten in Irish-Coffee-Gläsern. Achten Sie darauf, hitzebeständige Gläser zu kaufen! **180–250 ml**

WHISK(E)Y

MIT ODER OHNE „E“?

BEI EINER SPIRITUOSE, DIE PER DEFINITION „AUS GETREIDE“ DESTILLIERT WIRD, MÖCHTE MAN ANNEHMEN, DASS DIE ANZAHL UNTERSCHIEDLICHER SORTEN ÜBERSCHAUBAR IST – ABER AUFGRUND UNTERSCHIEDLICHER REIFEZEITEN UND HERSTELLUNGSARTEN ERGIBT SICH DOCH EINE UNGLAUBLICHE VIELFALT. DIE SCHREIBWEISE IST REGIONAL BEDINGT: „WHISKY“ FÜR SCHOTTISCHE, JAPANISCHE UND KANADISCHE SORTEN, „WHISKEY“ FÜR IRISCHE UND AMERIKANISCHE (INKLUSIVE BOURBON UND RYE) SORTEN. BEZIEHT MAN SICH AUF ALLE SORTEN, SCHREIBT MAN ÜBLICHERWEISE „WHISK(E)Y“.

026

SO KAM'S: WHISK(E)Y

Vermutlich waren es christliche Mönche, die die Kunst der Destillation irgendwann im 11. Jahrhundert mit auf die britischen Inseln brachten – sie stellten mithilfe dieses alchemistischen Prozesses Kräuterheilmittel her. Das *uisge beatha* (Gälisch für „Wasser des Lebens“) genannte Getränk wurde zum ersten Mal 1171 erwähnt, als Heinrich II. Irland eroberte – seine Armee soll das stärkende Gebräu gern getrunken haben.

Schließlich wurde nicht mehr nur in Apotheken und Klöstern destilliert: Bauern sahen in der Destillation eine Möglichkeit, schlechte Getreideerntejahre auszugleichen – und der bald überall verfügbare ungereifte Getreideschnaps wurde immer beliebter. Schottische und irische Migranten brachten die Kunst der Destillation im 17. und 18. Jahrhundert schließlich auch nach Kanada und in die USA.

027

EIN GLÜCKLICHER ZUFALL

Geschichte

Zunächst wurden schottische Whiskys nicht gereift – bis der enthaltsame britische Premierminister David Lloyd George 1915 den *Immature Spirits Act* erließ. Er hoffte, den übermäßigen Konsum von ungereiftem Getreidedestillat in Schottland durch die Vorgabe einer zweijährigen Reifezeit einzudämmen. Zum Glück! Aufgrund dieses Gesetzes begann man, sich mit der Lagerung von Whisky in Eichenfässern zu beschäftigen – für die der schottische Whisky heute auf der ganzen Welt berühmt ist.

028

ETIKETTEN ENTSCHLÜSSELN

Auf Whisk(e)y-Etiketten finden sich oft so viele Informationen und Begriffe, dass man schnell den Überblick verliert. Hier eine Übersicht über einige wichtige Bezeichnungen – und was sie wirklich bedeuten.

SINGLE MALT Single Malt Whisk(e)y wird von einer Brennerei destilliert, gereift und abgefüllt – und bei der Herstellung wird ausschließlich eine Sorte gemälztes Getreide verwendet (meist Gerste).

BLENDED MALT Blended Malt ist ein Verschnitt aus zwei oder mehreren Single Malt Whisk(e)ys aus verschiedenen Brennereien.

BLENDED WHISK(E)Y Single oder Blended Malts werden mit einem – gereiften oder ungereiften – Grain Whisk(e)y verschnitten. Grain Whisk(e)ys werden aus günstigeren, oft ungemälzten Getreidesorten (wie Mais) gewonnen und mit höherem Alkoholgehalt destilliert – dadurch sind sie neutraler im Geschmack.

SINGLE CASK/BARREL MALT Single Cask oder Barrel Malt Whisk(e)ys werden – wie der Name schon sagt – aus einem einzigen Fass abgefüllt.

FASSSTÄRKE/CASK STRENGTH Whisk(e)ys mit dieser Zusatzinformation werden unverdünnt abgefüllt. Wenn nicht anders angegeben, werden sie aber trotzdem gefiltert. Ungefilterte gereifte Spirituosen erkennt man daran, dass sie austrüben, wenn sie gekühlt werden.

CASK FINISH Whisk(e)ys mit Cask Finish reifen in einer zweiten Reifephase in einem anderen Fass – oft in einem Sherry- oder Portweinfass.

029 DER HERSTELLUNGSPROZESS

SCHRITT 1 Der erste Schritt der traditionellen Methode der Whisk(e)ydestillation ist wie beim Bierbrauen das Mälzen von Gerste: Diese wird in Wasser eingeweicht und keimt aus – dadurch wird das Enzym Amylase gebildet, das Stärke in Zucker umwandelt, der bei der Vergärung von der Hefe in Alkohol umgewandelt wird. Anschließend wird die Gerste gedarrt, geschieht das über offenem Feuer, entstehen intensive Raucharomen.

SCHRITT 2 Der nächste Schritt ist das Maischen und Gären. Je nachdem, welche Malzsorten in welcher Zusammensetzung zum Einsatz kommen, entstehen unterschiedliche Whisk(e)ysorten – Bourbon enthält beispielsweise mindestens 51 % Mais. Fast immer kommt aber auch ein Teil Gerstenmalz zum Einsatz, denn die darin enthaltene Amylase wandelt auch die Stärke anderer Getreidesorten in Zucker um.

SCHRITT 3 Schließlich wird die vergorene Maische destilliert. Destilliermethode und -vorgang variieren dabei je nach Produkt und Hersteller – von Brennblase (intensiver Getreidegeschmack) bis Destillationskolonne (höherer Alkoholgehalt, zartere Aromen). Man braucht etwa 2.000 l vergorene Maische (mit einem Alkoholgehalt von etwa 6 %) für 200 l Whisk(e)y – so viel passt übrigens in ein Standard-Eichenfass!

SCHRITT 4 Jetzt beginnt die wahre Kunst der Herstellung unterschiedlicher Whisk(e)ysorten: die Fasslagerung. Die Größe des Fasses, die Temperatur und ob es sich um ein neues oder ein benutztes Fass handelt, bestimmt, wie viel Eichenaroma aufgenommen wird. Fässer, in denen zuvor Sherry gelagert wurde, sind aufgrund ihrer Nussaromen besonders beliebt.

SCHRITT 5 Das Abfüllen ist der letzte wichtige Schritt. Je nach Fass reift der Whisk(e)y unterschiedlich – selbst wenn die Fässer auf den ersten Blick komplett identisch scheinen! Das heißt, auch wie viel von welchem Fass in einer Flasche landet, hat Einfluss auf den Geschmack des Whisk(e)ys.

030 JE FRISCHER, DESTO BESSER

Man kann gar nicht oft genug wiederholen, wie wichtig es ist, für Cocktails möglichst frische Säfte zu verwenden – das gilt sogar für die Drinks, bei denen der Saft keine Hauptrolle spielt. Vor allem bei Drinks mit Zitrussäften wie Margaritas, Salty Dogs oder Mimosas gilt: je frischer der Saft, desto besser. Warum? Bei gekauften Zitrussäften verfliegen die leichten Zitrusöle schneller und die Säfte schmecken eindimensional und sauer.

031 { DIE RICHTIGE PRESSE }

Zitrusfrüchte auszupressen ist einfacher, wenn man das richtige Werkzeug hat. Allerdings hat jede Presse ihre Vor- und Nachteile – hier ein kleiner Überblick über die Geräte, die am häufigsten zum Einsatz kommen.

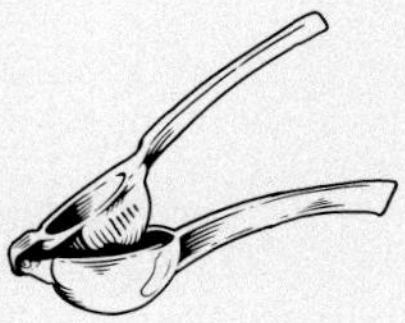	**HANDPRESSE**	Handpressen sind einfach und effektiv, eignen sich aber nur für Zitronen und Limetten. Zur Not kann man Orangen oder Grapefruits in Stücke schneiden und mit dieser Presse pressen.
	**HERKÖMMLICHE ZITRUSPRESSE**	Diese klassischen Pressen eignen sich besonders für Orangen und Grapefruits – elektrische Versionen sind praktisch! Presskegel hingegen eignen sich nicht zur Cocktailherstellung, sondern eher zum Kochen.
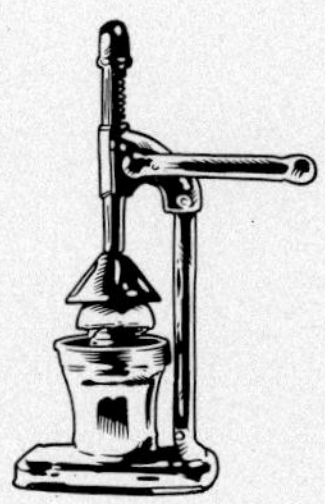	**STANDPRESSE**	Die Standpresse vereint die Stärken von Hand- und Zitronenpresse: Orangen und Grapefruits sind im Nu ausgepresst. Der Nachteil? Sie sind teuer und sperrig!
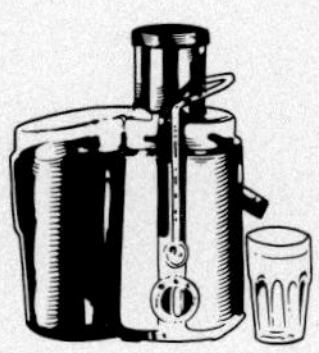	**ENTSAFTER**	Kaltpressen und Entsafter eignen sich zum Entsaften von allen Arten von robusten Früchten – weiche Früchte wie Wassermelone zerkleinert man besser im Mixer, im Entsafter werden sie nur zu unappetitlichem Brei zerquetscht.
	**STANDMIXER**	Im Standmixer lassen sich Kräuter und weichere Früchte pürieren. Vergessen Sie nicht, etwas Wasser zuzugeben!

032 GEKAUFT VS. SELBSTGEMACHT

Nicht immer lohnt es sich, Fürchte selbst zu entsaften – manchmal sind gekaufte Säfte die bessere Alternative. Hier finden Sie Antworten auf die Grundsatzfrage: Kaufen oder selbst pressen?

PFIRSICH/APRIKOSE
Selbstgemachte Pfirsich- und Aprikosensäfte oxidieren schnell – geben Sie einen Spritzer Zitronen- oder Limettensaft dazu, um den Prozess zu verlangsamen.

ORANGE/GRAPEFRUIT
Fertige Orangen- und Grapefruitsäfte sind zwar meist qualitativ hochwertiger als gekaufte Limetten- oder Zitronensäfte – aber selbst gepresst ist immer noch am besten!

ERDBEERE/BEEREN
Beeren mit etwas Wasser in einen Standmixer geben, pürieren und den fertigen Saft durch ein feinmaschiges Sieb gießen. Süße Variante: Beerensirup! Dafür einfach Beeren und Zucker in einen Topf geben, einreduzieren lassen und anschließend durch ein Sieb streichen.

ZITRONE/LIMETTE
Am besten mit einer Handpresse auspressen, so landen auch die Zitrusöle aus der Schale im Saft!

ANANAS
Wenn man Ananassaft kauft, dann unbedingt solchen mit 100 % Fruchtgehalt und keinen Nektar. Ananassaft kann man aber auch ganz einfach selbst machen: Ananasstücke ohne Schale (inklusive Strunk) mit etwas Wasser in einen Standmixer geben, mixen und anschließend durch ein Sieb gießen.

GRANATAPFEL

Manchmal findet man frischen Granatapfelsaft im Herbst und frühem Winter auf dem Bauernmarkt – also Augen auf!

WASSERMELONE

Vor allem im Sommer lohnt es sich, Wassermelonensaft selbst herzustellen – er ist auch pur eine tolle Erfrischung! Einfach Melonenstücke mit etwas Wasser in einen Standmixer geben, mixen und anschließend durch ein Sieb gießen.

TOMATE

Wenn man Tomaten entsaftet, ist das Ergebnis meist zu dünn – kaufen ist in diesem Fall einfach besser!

CRANBERRY

Frische Cranberrys bekommt man selten, aber fertigem Cranberrysaft ist meist schon der notwendige Zucker zugesetzt.

KAROTTE/ROTE BETE

Karotten und Rote Bete sorgen für tolle erdige Aromen – ganz abgesehen von der tollen Farbe. Wenn möglich, selbst entsaften!

KOKOSNUSS

Wenn Sie nicht gerade Ihre Fertigkeiten mit der Machete perfektionieren möchten, greifen Sie zu Kokosmilch in Dosen. Man findet sie in Asia- und mittlerweile auch in fast allen Supermärkten.

APFEL

Mit einem Entsafter lässt sich Apfelsaft ganz einfach selbstmachen. Zu aufwendig? Trüben Apfelsaft mit 100 % Fruchtgehalt kaufen!

033 DRINKS AROMATISIEREN

Wie man mit nur wenigen Handgriffen aus einem normalen Cocktail etwas ganz Besonderes macht? Aromatisieren lautet das Stichwort! Je nach Zutat gibt es unterschiedliche Wege, das zu tun: Sirupe (Nr. 047), Infusionen, Tinkturen und Shrubs sind einige bewährte Möglichkeiten, um Spirituosen mit Früchten, Kräutern oder Gewürzen zu aromatisieren.

Bei Infusionen empfiehlt es sich, die Zutatenmenge und das Abfülldatum zu notieren, damit man immer wieder zum gleichen Ergebnis kommt – am besten auf einem Etikett direkt auf der jeweiligen Flasche.

Die zugegebenen Aromen sollten den Cocktail vervollständigen und den Geschmack der anderen Zutaten und Aromen hervorheben und unterstützen, daher gilt bei Sirupen, Infusionen, Tinkturen & Co.: Sparsam dosieren und nicht zu viele unterschiedliche Aromen auf einmal verwenden!

034

DIE KUNST DER INFUSION

Infusionen sind eine tolle Möglichkeit, um so gut wie jede Spirituose – von Wodka über Whisk(e)y bis hin zu Gin – zu aromatisieren. Als Aromaträger eignen sich frische oder getrocknete Früchte, Kräuter oder Fett. Bereiten Sie am Anfang nur eine kleine Menge Infusion zu und experimentieren Sie mit den Zutatenmengen, bis Sie vom Ergebnis überzeugt sind – und sollte einmal etwas danebengehen und Sie müssen die Infusion wegschütten, ist das bei kleineren Mengen nicht so schlimm. Und so geht's!

INFUSION MIT FRÜCHTEN ODER KRÄUTERN

•➔ **Schritt 1** 250 ml Spirituose nach Wahl und die gewünschten Früchte oder Kräuter in ein Glas mit Schraubverschluss geben. Größere Früchte am besten kleinschneiden – so geben sie ihre Aromen schneller ab – und Kerne und Kerngehäuse entfernen. Bei Früchten wie Äpfeln oder Pfirsichen enthält auch die Schale wertvolle Aromen, wenn man sie verwenden möchte, sollte man nur unbedingt darauf achten, Bioprodukte zu kaufen – Alkohol ist ein Lösungsmittel, das auch Pestizide löst!

•➔ **Schritt 2** Das Glas fest verschließen, gut schütteln und an einem kühlen, dunklen Ort ziehen lassen, dabei täglich schütteln. Infusionen mit frischen Kräutern sind nach einigen Tagen fertig, bei Früchten kann es bis zu einer Woche dauern, bis die Aromen vollständig aufgenommen werden.

•➔ **Schritt 3** Früchte beziehungsweise Kräuter abseihen – sie sehen zwar hübsch aus, verlieren aber mit der Zeit an Appetitlichkeit und werden matschig! Die fertige Infusion im Kühlschrank aufbewahren oder sofort verwenden – zum Beispiel für Manhattans mit apfelaromatisiertem Bourbon!

INFUSION MIT FETTHALTIGEN AROMATRÄGERN

Speck

Erdnüsse

Popcorn

braune Butter

•➔ **Schritt 1** Etwa 30 g des gewünschten fetthaltigen Aromas (gebratenen Speck und braune Butter vorher abkühlen lassen) und 250 ml der gewünschten Spirituose in eine kleine Metallschüssel oder einen Topf geben, gut verrühren und abgedeckt bei Zimmertemperatur einige Stunden ziehen lassen.

•➔ **Schritt 2** Die Mischung anschließend einige Stunden im Kühlschrank weiterziehen lassen – bei flüssigen Aromaträgern gerne etwas länger!

•➔ **Schritt 3** Die fertige Infusion abseihen, in eine saubere Flasche oder ein Schraubglas abfüllen und bis zur Verwendung im Kühlschrank aufbewahren.

035 GESCHMACK DURCH TINKTUREN

Tinkturen sind echte kleine Alleskönner: Sie sind intensiver als Infusionen und damit in Sachen Intensität vergleichbar mit Cocktailbittern – und zugleich lassen sich mit ihnen andere feine Geschmacksnuancen unterstreichen! Kräuter, Gewürze, Zitrusschalen und Chilischoten sind perfekte Aromalieferanten: Am besten aus jeder Zutat eine eigene Tinktur zubereiten und anschließend mischen, so können Sie die Intensität der Aromen kontrollieren.

Schritt 1 Ein kleines Schraubglas zur Hälfte mit hochprozentigem Wodka füllen, die gewünschten Aromen dazugeben (Gewürze vorher am besten rösten!), das Glas verschließen und kräftig schütteln.

Schritt 2 Das Schraubglas an einen kühlen, dunklen Ort stellen, täglich schütteln und immer wieder probieren, um die Intensität und den Geschmack zu überprüfen. Tinkturen mit Chilischoten sind schon nach wenigen Tagen fertig, bei Gewürzen kann es einige Wochen dauern – am besten immer wieder probieren, bis Sie mit dem Ergebnis zufrieden sind!

Schritt 3 Wenn die Tinktur die gewünschte Intensität hat, die Mischung durch ein feines Sieb abgießen. Tinkturen am besten in kleine Flaschen mit praktischem Tropfverschluss füllen oder mit einer Pipette dosieren!

Schritt 4 Jetzt kann der Spaß beginnen: Einfach einen (oder mehrere) Tropfen der Tinktur in den fertigen Drink geben – das sieht nicht nur toll aus, sondern sorgt auch dafür, dass die Aromen des Cocktails zusätzlich unterstrichen werden.

036

SAUER MACHT LUSTIG

In den Kolonien behalf man sich früher mit Essig und Zucker, um Früchte haltbar zu machen – heute verleihen die süß-sauren Shrubs Cocktails intensive und fruchtige Aromen.

Schritt 1 Die gewünschten Früchte in kleine Stücke schneiden. 250 g Zucker und 250 g Fruchtstücke in einer Schüssel gut vermischen, dabei die Obststücke mit einem Löffel leicht zerdrücken, abdecken und über Nacht im Kühlschrank ziehen lassen.

Schritt 2 Die Mischung durch ein feines Sieb streichen, dabei die Früchte gut ausdrücken, damit möglichst viel Saft austritt.

Schritt 3 Den Saft in eine saubere Flasche füllen, mit 250 ml Essig aufgießen, verschließen und gut schütteln.

Schritt 4 Der fertige Shrub hält im Kühlschrank mehrere Wochen.

EISKUGELN Eiskugeln schmelzen besonders langsam – so bleiben gerührte Cocktails oder pur servierte Spirituosen eisgekühlt, ohne zu verwässern.

CRUSHED ICE Crushed Ice eignet sich für Juleps, Cobbler und Swizzles und für Cocktails mit hochprozentigen Spirituosen, die schnell gekühlt werden sollen.

037 EIS, EIS, BABY

Form, Größe und Menge des verwendeten Eises haben Einfluss darauf, wie ein Cocktail schmeckt, denn diese Faktoren bestimmen die Temperatur sowie den Grad der Verdünnung. Werden gerührte Cocktails zu wenig verdünnt, schmecken sie zu herb, ist das Eis zu klein, werden geshakte und gerührte Cocktails schnell zu wässrig. Ob Eiskugeln, Crushed Ice, klassische Eiswürfel oder Eissticks – hier finden Sie das passende Eis für jeden Drink!

EISSTICKS Eissticks passen perfekt in Collinsgläser – sie sehen elegant aus und sorgen für anhaltende Kälte.

EISWÜRFEL Die Standardvariante für den Allround-Gebrauch.

038

FÜR KLARHEIT SORGEN

Kristallklares Eis selbstzumachen ist gar nicht so einfach, denn meist werden selbstgemachte Eiswürfel aufgrund von Luftbläschen oder Mineralstoffen leicht trüb. Oft wird empfohlen, destilliertes oder abgekochtes Wasser zu verwenden, aber so einfach ist es leider nicht. Auf seiner Website *Alcademics.com* hat der Autor und Blogger Camper English unzählige Methoden getestet. Das Ergebnis: Das Eis muss langsam von oben nach unten frieren, ungefähr so wie in einem Brunnen. Um diesen Vorgang nachzuahmen hat er eine kleine Kühlbox in einen Kühlschrank gegeben, wodurch der Gefriervorgang verlangsamt und sozusagen umgekehrt wurde. Anschließend musste er nur noch das trübe Eis, das sich am Boden gebildet hat, entfernen. Und das heißt? Wenn Sie kristallklares Eis verwenden möchten, kaufen Sie am besten einfach einen großen Block direkt von der Bar Ihres Vertrauens – oder entspannen Sie sich, denn eigentlich ist trübes Eis halb so schlimm.

039 DAS EIS BRECHEN

Wenn man wie die Profis mit großen Eisblöcken hantieren möchte, braucht man das richtige Equipment – das ist aufwendig, macht aber einiges her!

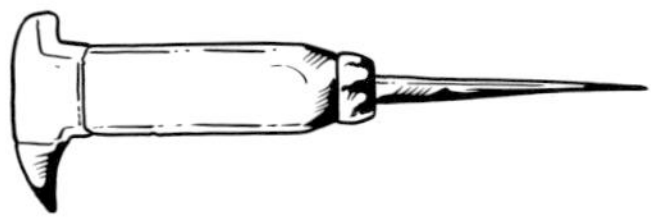

EISPICKEL Eispickel werden verwendet, um Eisblöcke in Form und ungewollte Gäste um die Ecke (kleiner Scherz!) zu bringen, Eiskugeln zu schlagen und größere Eisblöcke in kleinere, wenn auch unregelmäßig große Stücke zu zerteilen. Man braucht etwas Übung und es ist nicht die schnellste Methode, aber Eispickel sind robust und man muss nicht ans Akkuaufladen denken!

MESSER Mit einem Gemüse- oder Sägemesser lassen sich kleine Unebenheiten begradigen. Nettes Extra: Dieses Profizubehör haben Sie wahrscheinlich schon zu Hause!

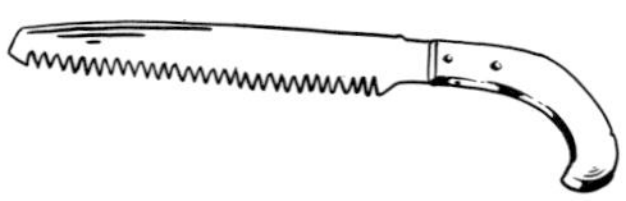

SÄGE Bei extremen eiskalten Herausforderungen, wie etwa dem Zerteilen von 150 kg schweren Eisblöcken (Nr. 229), sorgt eine Säge (Ketten-, Hand- oder Bandsäge) im Handumdrehen für präzise Schnitte.

GUMMIHAMMER UND SEGELTUCHBEUTEL Mithilfe eines Gummihammers und eines Segeltuchbeutels lässt sich ganz einfach Crushed Ice herstellen: Etwas Eis in den Beutel geben und mit kräftigen Schlägen zerkleinern. Überflüssiges geschmolzenes Wasser wird vom Segeltuch aufgenommen – zurück bleibt feinstes Crushed Ice.

EISKUGELPRESSE Mit einer Eiskugelpresse werden aus groben Eisbrocken perfekte Kugeln. Einfach einen Eisrohling auf dem unteren Teil der Presse platzieren und den zweiten Teil daraufsetzen. Durch den Pressvorgang schmilzt alles außerhalb der Vertiefungen – und es entstehen perfekte Eiskugeln.

USBG | ORTSVERBAND ST. LOUIS ✦ **TED KILGORE** ✦ Inhaber und Beverage Director, Planter's House

040 EINEN EISSPEZIALISTEN ENGAGIEREN

Auf der Suche nach großen, möglichst kristallklaren Eisblöcken wandte sich Ted Kilgore, Beverage Manager des Planter's House in St. Louis, Missouri, an einen Eisskulpturenhersteller. Als diesem klar wurde, was Ted suchte – spezielle Großeiswürfel für Cocktails – bat er ihm etwas noch besseres als große rohe Eisblöcke: mit einer computergesteuerten Fräse präzise in die gewünschte Form geschnittene Großeiswürfel.

Jetzt kann er genau die Eiswürfelgrößen und -formen bestellen, die er braucht – sogar Eissticks und -zylinder, die perfekt in seine Gläser passen – ohne dafür selbst Hand anlegen und die Eisblöcke zerkleinern zu müssen. Wenden Sie sich am besten an einen Eisskulpteur in Ihrer Nähe – wenn Sie Glück haben und einen finden, spart das Zeit und viel Mühe!

041 GERÜCHE NEUTRALISIEREN

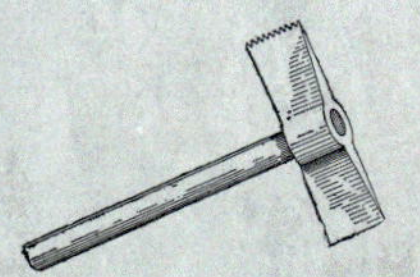

Am einfachsten stellt man unterschiedliche Eiswürfelvarianten mit Eiswürfelformen aus Silikon her: Sticks, Großeiswürfel, Herzen, Sterne, Hufeisen – alles kein Problem, es gibt Formen in unterschiedlichsten Größen und mit unzähligen Motiven! Das einzige Problem ist, dass das Silikon porös ist und so Gefrierfachgerüche annehmen kann. Was tun, um unappetitliche Gerüche zu neutralisieren? Geben Sie eine Packung Backpulver ins Gefrierfach, lagern Sie fertige Eiswürfel eingefroren in einem Zippbeutel und weichen Sie unangenehm riechende Formen in einer Essig-Wasser-Mischung ein!

042 MIT MASS UND ZIEL

Wenn Sie sich nach der Lektüre dieses Buchs nur an eine Information erinnern, dann bitte an diese: Zutaten sollten immer möglichst genau abgemessen werden.

Vor allem als Anfänger ist es wichtig, alle Zutaten sorgfältig abzumessen. Die richtige Mischung macht's, und nur, wenn Sie alles abmessen, können Sie Cocktails mit immer den gleichen Ergebnissen mixen.

Es gibt unterschiedlichste Messbecher und -löffel, verwenden Sie einfach, was Ihnen am sympathischsten erscheint – und keine Sorge, wenn ab und zu etwas daneben geht: Es ist noch kein Meister vom Himmel gefallen.

043 MIT PRÄZISION PUNKTEN

➳ Wenn Sie sich für ein Messwerkzeug entschieden haben, heißt es, sich Zeit nehmen: Messen Sie Zutaten ganz in Ruhe sorgfältig ab – keine Sorge, schneller werden Sie mit etwas Übung ganz automatisch. Unter Barkeepern gibt es hitzige Diskussionen darüber, wie präzise man mit unterschiedlichen Getränkesorten und Messwerkzeugen arbeiten kann oder sollte – und das zu recht, denn eine kleine Ungenauigkeit kann einen Cocktail komplett anders schmecken lassen.

Als Anfänger ist es aber vor allem wichtig, präzise zu arbeiten, egal mit welchem Messwerkzeug, denn was wirklich zählt, ist das Verhältnis der verschiedenen Zutatenmengen zueinander. Bevor Sie sich also in philosophische Messwerkzeug-Diskussionen verstricken lassen, mixen Sie sich lieber einen Drink!

DOPPELSEITIGE JIGGER Bei dieser Variante handelt es sich genau genommen um zwei kleine Messbecher in einem, wobei der kleinere Teil meist halb so viel Flüssigkeit fasst, wie der größere (meist 2 und 4 cl). Manche Modelle sind innen zusätzlich mit Maßangaben versehen. Aufgrund der V-Form ist es nahezu unmöglich, andere als die angegebenen Mengen durch Schätzen abzumessen – üben Sie mit Wasser, um ein Gefühl für die Mengen zu bekommen.

FREEPOURING Manche Barkeeper gießen Zutaten ins Glas, ohne sie abzumessen, eine Technik, die man Freepouring (freies Einschenken) nennt. Wenn man es kann, geht das unglaublich schnell, und es sieht einfach toll aus, wenn man einschenkt, ohne abzumessen. Diese Technik bedarf viel Übung, also besorgen Sie einige Ausgießer und legen Sie los!

EINFACHER JIGGER Ein weiteres beliebtes Messwerkzeug sind einfache Jigger – kleinere Versionen des klassischen Messbechers mit Markierungen für unterschiedliche Maßeinheiten (meist in ml und cl). Die Versionen, bei denen die Messskala von oben abgelesen werden kann, sind besonders praktisch! Greifen Sie am besten zu Modellen aus rostfreiem Stahl.

MESSLÖFFEL Für noch präziseres Abmessen sind Messlöffel in unterschiedlichen Größen – 5 ml (1 TL), 7 ml (½ EL bzw. 1½ TL) und 15 ml (1 EL bzw. 1,5 cl) – geeignet. Zutaten mit Messlöffeln abzumessen dauert etwas länger, aber so lassen sich auch kleine Mengen präzise abmessen.

BARLÖFFEL Manchmal findet man bei älteren Rezepten die Mengenangabe BL (Barlöffel), was etwa 5 ml entspricht. Da aber nicht alle Barlöffel exakt 5 ml fassen, verwendet man Barlöffel heute nur noch selten zum Abmessen von Zutaten, sie kommen hauptsächlich zum Verrühren und beim Schichten von Cocktails zum Einsatz. Zur Not können Sie statt eines Barlöffels auch einfach einen Teelöffel verwenden.

044

DER LETZTE SCHLIFF

Wenn Ihre Bar bereits mit den wichtigsten Barwerkzeugen (Nr. 005) ausgestattet ist und Sie schon den einen oder anderen Cocktail gemixt haben, finden Sie hier weiteres Zubehör – um Ihrer Hausbar den letzten Schliff zu geben!

BARZANGE

Es ist zwar nur eine Kleinigkeit, aber es sieht auf jeden Fall viel professioneller aus, wenn man Eis und Garnituren mit einer Barzange bewegt – ganz davon abgesehen, dass das viel hygienischer ist, als die Finger zu verwenden.

EISEIMER/-BOXEN

Wenn Sie häufig viele Gäste haben, lohnt es sich, sich einige Eiseimer oder -boxen zuzulegen. Verwenden Sie einen für „schmutziges Eis", in dem Saft-, Wein- und Bierflaschen gekühlt werden, und einen für „sauberes Eis" zum Mixen und Servieren Ihrer Cocktails.

GROSSE EISWÜRFELFORMEN

Normal große Eiswürfel sind bestens geeignet zum Shaken und Rühren von Cocktails. Aber echte Profis servieren ihre Cocktails mit großen Eiswürfeln – besorgen Sie sich einfach eine passende Eiswürfelform!

LEWIS-EISBEUTEL & HOLZHAMMER

Das hier sind die perfekten Werkzeuge, um Crushed Ice für Juleps und Swizzles herzustellen – und im Ausnahmefall lassen sich damit sogar Austern öffnen und Shrimpcocktails (die zum Essen!) kühlen. Davon abgesehen: Manchmal fühlt es sich einfach richtig gut an, mit einem schweren Holzhammer zuzuschlagen – und wenn es nur ist, um Eis zu zerkleinern!

MUDDLER/STÖSSEL

Mit einem großen Muddler beziehungsweise einem Stößel aus Massivholz werden Zutaten zerdrückt und Eis zerkleinert. Er sollte unbeschichtet sein, da die Beschichtung mit der Zeit abblättern kann, gut in der Hand liegen und ein gewisses Gewicht haben.

BARMATTE

Eine Barmatte sorgt dafür, dass Gläser, auch wenn sie nass sind, während der Zubereitung nicht verrutschen, und hält den Arbeitsplatz sauber – es ist fast unglaublich, wie viel Flüssigkeit sie aufnehmen kann! Legen Sie die Barmatte am besten auf ein großes Schneidebrett, so lässt sie sich einfach und ohne große Sauerei zum Abwischen in die Küche tragen.

045 PRAKTISCH UND DEKORATIV: UNTERSETZER

Wenn Sie gerade dabei sind, Ihre Hausbar einzurichten, denken Sie auf jeden Fall auch daran, Untersetzer zu besorgen. In den meisten Bars gehören sie zum Standard und auch zu Hause schützen sie Möbel und empfindliche Holz-, Stein- und Metalloberflächen vor unschönen Flecken und Glasrändern – vor allem die in vielen Drinks enthaltenen Zitrussäfte können empfindlichen Oberflächen schaden! Aber Untersetzer schützen nicht nur Ihre Möbel: Es gibt sie in allen möglichen Farben, Formen und Materialien, sodass Sie mühelos die passende Wahl für unterschiedlichste Anlässe und alle Arten von Tischdeko treffen können. Kurz gesagt: Diese praktischen und dekorativen Helfer sind einfach unverzichtbar!

DEVIL'S ACRE
WHITEC
The
Tipsy Since 1939
Golden
Gate
You Are Here
Berkeley
Emeryville
Oakland
San Francisco
Alameda
DARYL HALL JOHN OATES
PRIVATE EYES
"JE SUIS TITANIA"
(I am Titania)
"MIGNON," THOMAS
SCORE
GAME #2
GAME #3

046 MIX & MATCH – GRUNDREZEPT SOUR

Bei vielen Rezepten sind die Mischverhältnisse der Zutaten ähnlich – diese Drinks gehören meist zur gleichen Kategorie von Cocktails. Indem man eine Zutat durch eine ähnliche (etwa eine andere Spirituose) ersetzt, kann man so ohne viel Aufwand eine Vielzahl an Cocktails mixen. Bei keiner Gattung ist das so einfach, wie bei den Sours, denn diese bestehen immer aus nur drei Zutaten im gleichen Mischverhältnis: zwei Teile Spirituose, ¾ Teil Zitrussaft und ¾ Teil Süße – je nach Säure des Zitrussafts, Süßegrad des Zucker-Sirups und Art der Spirituose können die Mengenangaben natürlich angepasst werden. Nach diesem einfachen Prinzip lassen sich mehr als 16 verschiedene klassische Cocktails zubereiten. Im zweiten Kapitel finden Sie die Rezepte für einige dieser Cocktails – allerdings mit etwas abgewandelten Mischverhältnissen: Unsere Cocktails sind nicht so süß, denn so kommen die Aromen der Spirituosen besser hervor. Aber experimentieren Sie ruhig und passen Sie die Rezepte Ihrem Geschmack an!

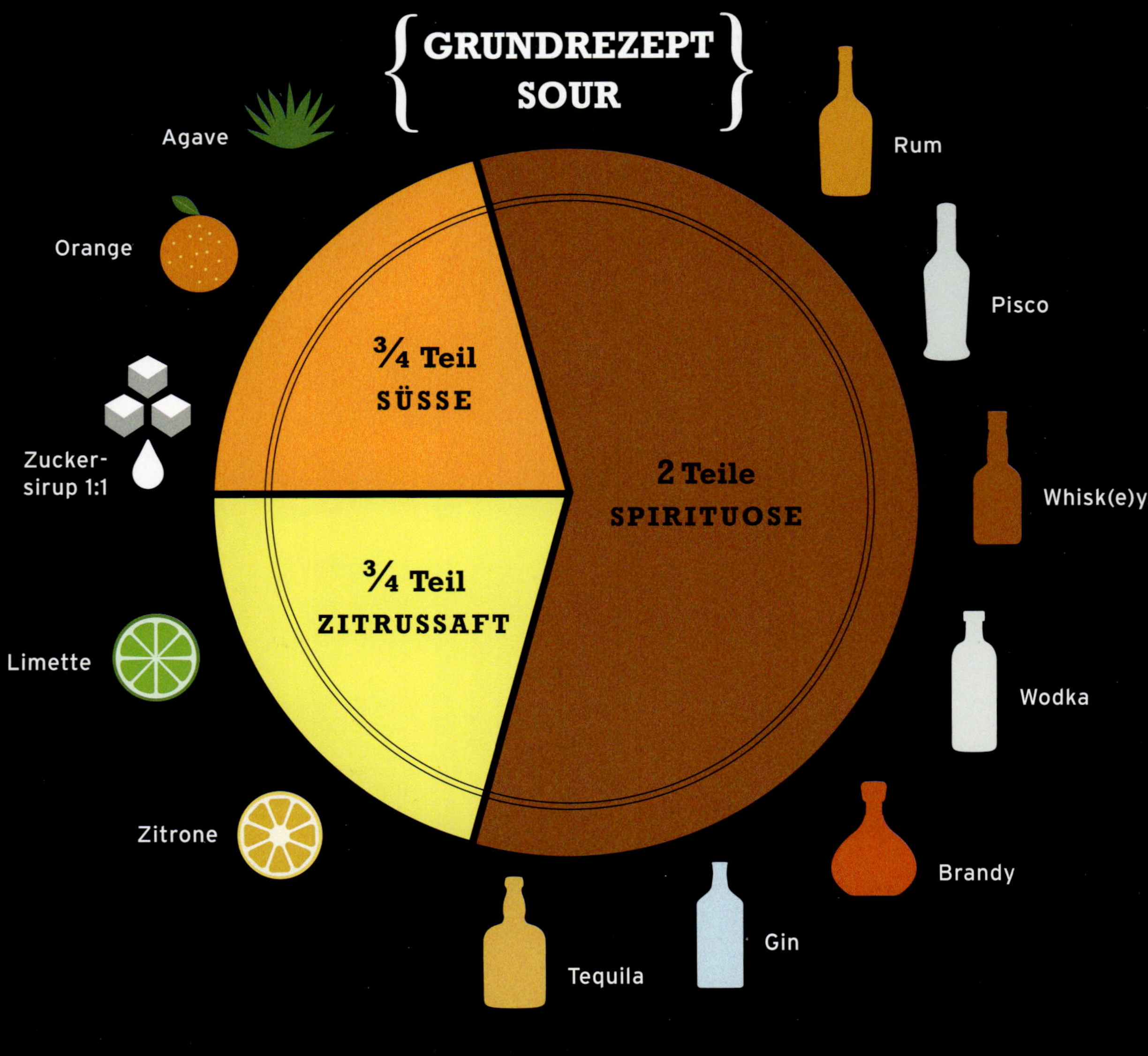

LIMETTE Spirituose + Süße

GIN GIMLET
Gin + Zuckersirup 1:1 oder Lime Juice Cordial

WODKA GIMLET
Wodka + Zuckersirup 1:1 oder Lime Juice Cordial

DAIQUIRI
Rum + Zuckersirup 1:1

PISCO SOUR
Pisco + Zuckersirup 1:1 + 1 Eiweiß

KAMIKAZE
Wodka + Triple Sec

COSMOPOLITAN
Wodka + Triple Sec + 1 Schuss Cranberrysaft

MARGARITA
Tequila + Triple Sec + Agavensirup

ZITRONE Spirituose + Süße

SOUTHSIDE
Gin + Zuckersirup 1:1 + frische Minze

PISCO PUNCH
Pisco + Ananassirup

GIN SOUR
Gin + Zuckersirup 1:1

WHISKEY SOUR
amerikanischer Whiskey + Zuckersirup 1:1

LEMON DROP
Wodka + Zuckersirup 1:1 oder Triple Sec

WHITE LADY
Gin + Triple Sec

SIDECAR
Brandy + Triple Sec

AVIATION
Gin + Maraschino

BLUE MOON
Gin + Crème de Violette

047 FLÜSSIGER ZUCKER

Einfacher Zuckersirup oder Zuckersirup 1:1 ist die einfachste und vielseitigste Möglichkeit, Getränke – egal ob alkoholisch oder alkoholfrei – zu süßen. Auch Eistee und Kaffee lassen sich viel einfacher süßen, wenn der Zucker zuvor in Wasser aufgelöst wurde, und für gute Cocktails ist Zuckersirup einfach unverzichtbar. Es gibt zwei Grundrezepte: Beim einfachen Zuckersirup werden gleiche Teile Zucker und Wasser verwendet, bei konzentriertem Sirup oder Zuckersirup 2:1 wird die Zuckermenge verdoppelt, er enthält zwei Teile Zucker und einen Teil Wasser.

ZUCKERSIRUP 1:1

Zucker und Wasser im Verhältnis 1:1

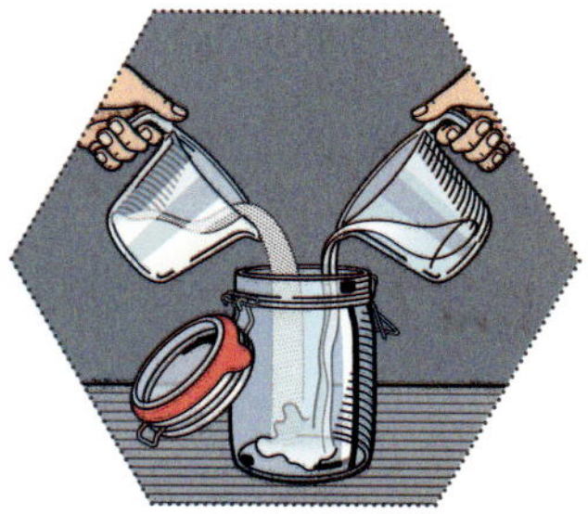

1. METHODE: KOCHEN

Zucker und Wasser in einen kleinen Topf geben und unter Rühren bei mittlerer Hitze erwärmen, bis sich der Zucker aufgelöst hat. Den Topf vom Herd nehmen, abdecken und abkühlen lassen. Der fertige Sirup hält im Kühlschrank etwa 3 Wochen.

2. METHODE: SCHÜTTELN

Zucker und Wasser in eine Flasche, ein Schraubglas oder einen anderen verschließbaren Behälter geben und kräftig schütteln. Einige Minuten warten und dann nochmals schütteln. Diesen Vorgang so lange wiederholen, bis sich der Zucker aufgelöst hat.

ZUCKERSIRUP 2:1

Zucker und Wasser im Verhältnis 2:1

KOCHEN

Zucker und Wasser in einen kleinen Topf geben und unter Rühren bei mittlerer Hitze erwärmen, bis sich der Zucker aufgelöst hat. Den Topf vom Herd nehmen, abdecken und abkühlen lassen. Der fertige Sirup hält im Kühlschrank etwa 6 Monate.

048 ZUCKERSÜSSE UNTERSCHIEDE

Die Art des Zuckers, den man für den Zuckersirup verwendet, beeinflusst den Geschmack!

HAUSHALTSZUCKER Normaler weißer Zucker ist am vielseitigsten einsetzbar: Mit ihm können Sie Cocktails süßen, ohne den Geschmack zu verändern.

ROHZUCKER Unraffinierter Zucker enthält mehr Melasse – je dunkler, desto intensiver der Geschmack: von goldbraunem Roh-Rohrzucker (Turbinado oder Demerara) bis hin zu dunklem *Muscovado*, *Panela* oder Jaggery.

NEKTAR Statt Zucker kann man auch Honig- oder Agavennektar zur Zuckersirupherstellung verwenden. Honig schmeckt am besten mit herbstlichen Aromen und heißen Getränken, Agavennektar ist süßer als Rohrzucker – und damit perfekt für Naschkatzen, die ihren Zuckerkonsum reduzieren möchten.

049 ZUCKERSIRUP AROMATISIEREN

Das Beste am einfachen Zuckersirup ist, dass er eine tolle Basis bildet, die sich auf so viele verschiedene Arten aromatisieren lässt. Verwenden Sie einfach frische Kräuter und Ihre Lieblingsgewürze und kreieren Sie so individuelle Cocktailzutaten: Einfachen Zuckersirup 1:1 kochen, die gewünschten Aromen wählen, bei Bedarf anschließend abseihen und das war's!

AROMA	WIE VIEL	WANN	ANMERKUNG
Gewürze (Zimt, Nelken)	2 EL frisch gemahlene Gewürze pro 250 g Zucker	Vor dem Kochen zu Zucker und Wasser geben	Sie können auch gemahlene Gewürze verwenden – etwa 1 EL pro 250 g Zucker.
Vanille	½ Schote pro 250 g Zucker	Vor dem Kochen zu Zucker und Wasser geben	Perfekt, um vom Backen übriggebliebene ausgekratzte Vanilleschoten zu verwerten.
Tee	1 EL offener Tee oder 2 Teebeutel pro 250 g Zucker	Vor dem Kochen zu Zucker und Wasser geben	Den fertigen Sirup durch ein feines Sieb gießen, um alle Teerückstände zu entfernen.
getrocknete Blüten (Lavendel, Hibiskus)	1 EL pro 250 g Zucker	Vor dem Kochen zu Zucker und Wasser geben	Den fertigen Sirup durch ein feines Sieb gießen, um alle Blütenrückstände zu entfernen.
Zitrusfrüchte	Abrieb von 1 Zitrone, 1 Orange, 2 Limetten oder ½ großen Grapefruit pro 250 g Zucker	Unter den leicht abgekühlten fertigen Sirup rühren	Den Sirup durch ein feines Sieb gießen, um den Abrieb zu entfernen – sonst wird der Sirup bitter!
Ingwer	120 g gewaschener Ingwer mit Schale pro 250 g Zucker	Unter den leicht abgekühlten fertigen Sirup rühren	Blitzvariante: Zucker, Wasser und Ingwer im Standmixer mixen, 10 Minuten ziehen lassen und abseihen.
Kräuter (Minze, Basilikum usw.)	Je nach verwendeten Kräutern – etwa 20 g zarte grüne Kräuter bzw. 10 g holzigere Kräuter pro 250 g Zucker	Unter den leicht abgekühlten fertigen Sirup rühren	Kräuter werden bitter, wenn sie zu heiß werden – lassen Sie den Sirup abkühlen, bevor Sie Minze oder Basilikum dazugeben!

AGAVENBRAND

ES IST NICHT BEKANNT, OB SCHON VOR DER ANKUNFT DER SPANIER IM 16. JAHRHUNDERT IN MEXIKO AGAVENSPIRITUOSEN DESTILLIERT WURDEN – ABER DIE HERSTELLUNG VON AGAVENSCHNAPS DURCH DIE FERMENTATION VON AGAVENHERZEN IN UNTERIRDISCHEN ÖFEN WAR EINHEIMISCHEN AUF JEDEN FALL BEKANNT!

050

SO KAM'S: AGAVENBRAND

Der Legende nach soll ein Blitz in eine Agavenpflanze eingeschlagen haben, wodurch in ihrem Herzen süßer Nektar entstand, den die Einheimischen als Geschenk Gottes tranken.

Was es damit auf sich hat? Das Herz der Agave besteht aus holzigen Fasern und jeder Menge Polysacchariden wie Insulin. Unter Hitzeeinfluss werden diese langkettigen Moleküle aufgespalten und es entsteht Zucker, der von Hefebakterien in Alkohol umgewandelt werden kann.

Da es die spanische Kolonialregierung den Spaniern in Mexiko aus Angst vor einem Rückgang der Exporte aus der Heimat untersagte, Wein oder Brandy herzustellen, versuchten sich die Spanier stattdessen an der Destillation – so entstanden im frühen 17. Jahrhundert im heutigen Jalisco die ersten Tequilabrennereien. Mezcal und andere Varianten des Agavendestillats wurden hauptsächlich in Mexiko getrunken, Tequila hingegen wurde ab dem späten 19. Jahrhundert auch exportiert. Verantwortlich dafür ist ein echtes Hollywood-Happy-End: Der Export von Tequila ist der High Society Hollywoods zu verdanken, die während der Prohibition zum Feiern nach Mexiko reiste, und den dort beliebten Partydrink schließlich auch außerhalb Mexikos berühmt machte.

Nach dem Zweiten Weltkrieg erlebte der Tourismus einen Aufschwung – und Margaritas und mit ihnen der Tequila eroberten die Partys dieser Welt. Es dauerte weitere 60 Jahre, bis Mezcal und andere regionale Varianten über die Grenzen der Dörfer, in denen sie hergestellt wurden, hinweg bekannt wurden. Darauf sollten wir trinken!

051

AGAVE UND SPARGEL?

Auf den ersten Blick sehen Agavenpflanze aus wie Kakteen. Tatsächlich gehört die Agave aber zur Familie der Asparagaceae – also der Spargelgewächse. Zum Glück ist das aber auch schon alles, was Agave und Spargel gemeinsam haben!

052 DER HERSTELLUNGSPROZESS

Bis auf wenige Ausnahmen werden alle Spirituosen auf Agavenbasis nach dieser Methode fermentiert und anschließend destilliert.

SCHRITT 1 Die wildwachsenden Agaven werden von den Bauern in den Bergen um die jeweiligen Bauernhöfe geerntet. Anschließend werden die harten äußeren Blätter entfernt, bis die Frucht ähnlich wie eine Ananas (spanisch *Piña*) aussieht.

SCHRITT 2 Die *Piñas* werden anschließend für die Tequilaproduktion in großen Öfen oder Autoklaven dampfgegart. Für Mezcal oder andere Spirituosen garen die Agavenherzen sieben Tage lang in mit heißen Steinen ausgelegten Gruben, die mit Erde abgedeckt werden.

SCHRITT 3 Nach dem Garen werden die Agavenherzen in großen modernen Walzenmühlen oder traditionell mit einem Mühlstein – der Tahona – gemahlen. Der so entstandene Agavenbrei wird mit Wasser vermischt.

SCHRITT 4 Bei der Tequilaherstellung wird der Brei anschließend noch durch ein Sieb gegeben, bei anderen Varianten wird der Brei nicht gesiebt und die Fermentation erfolgt durch die natürliche Hefe. Anschließend wird das Ferment in großen Brennblasen zweifach destilliert.

053

TEQUILA – UND MEHR

Bei Agavenbrand denken viele nur an Tequila. Tequila ist zwar eine tolle Spirituose, aber nicht alles, was man aus Agaven herstellen kann – auch die anderen Varianten haben es verdient, entdeckt zu werden!

TEQUILA Das bekannteste Agavendestillat, der Tequila, wird ausschließlich aus der blauen Agave oder *Agave tequilana Weber* gewonnen. Tequila muss mindestens 51 Prozent destillierten Agavenzucker enthalten, der qualitativ hochwertige 100-Prozent-Agave-Tequila darf allerdings nur in den Bundesstaaten Jalisco, Michoacán, Nayarit, Tamaulipas und Guanajuato hergestellt werden. Man unterscheidet zwischen *blanco* (ungereift bis höchstens 2 Monate gereift), *reposado* (mindestens 2 Monate, nicht mehr als 1 Jahr gereift), *añejo* (mindestens 1 Jahr, aber nicht mehr als 3 Jahre gereift) und *extra-añejo* (mindestens 3 Jahre gereift). In Mexiko wird Tequila pur, gefolgt von einer *Sangrita*, einem Getränk aus Frucht- und Gemüsesäften, getrunken.

MEZCAL Mezcal wird aus mehr als 50 verschiedenen Agavensorten hergestellt, am häufigsten allerdings aus der *Agava espadín*. Er wird hauptsächlich in der Region um die Stadt Oaxaca hergestellt, offiziell dürfen ihn aber auch die Staaten Durango, Guanajuato, Guerrero, Michoacán, San Luis Potosí, Puebla, Tamaulipas und Zacatecas produzieren. Charakteristisch ist das Raucharoma, das durch das langsame Trocknen der Agavenherzen in mit heißen Steinen ausgelegten Gruben entsteht. Klassisch wird Mezcal mit einer Orangenspalte, die mit Salz und gemahlener Chili bestreut wird, serviert.

BACANORA Bacanora wird hauptsächlich im Bundesstaat Sonora aus der *Agava espadín* hergestellt. Wie beim Mezcal werden die Agavenherzen in Gruben gegart, der Bacanora ist allerdings milder. Bis 1992 war der bei den Einheimischen so beliebte Bacanora sogar illegal.

RAICILLA Der Name *Raicilla* kommt vom Spanischen *raíz* für „Wurzel" – vermutlich in Anlehnung an den traditionellen Herstellungsprozess des Agavendestillats in Jalisco. Meist werden die Agavensorten *Agava maximiliana* oder *inaequidens* verwendet. Dieses Agavendestillat ist mit besonderer Vorsicht zu genießen – es ist richtig stark.

SOTOL In Chihuahua, Coahuila und Durango wird *Sotol* hergestellt, ein Destillat aus den immergrünen Dasylirien (eine Pflanze ähnlich der Agave). Die Sträucher wachsen etwa 15 Jahre lang, bis sie geerntet werden, und aus jeder Pflanze kann nur eine Flasche Sotol gewonnen werden.

Rezepte & Techniken

Wahrscheinlich haben Sie sich dieses Buch genau wegen dieses Kapitels gekauft – der Rezeptsammlung mit klassischen, aber auch neuen Rezepten zahlreicher USBG-Barkeeper. Dieses Kapitel bildet, flankiert von Wissenswertem und hilfreichen Tipps, das Herzstück dieses Buchs – und sorgt für einzigartige Genussmomente.

Die Rezeptsammlung ist keinesfalls vollständig, sie bietet aber ein solides Grundrepertoire mit Rezepten für zahlreiche Klassiker und interessante Neuinterpretationen. Hier finden Sie außerdem zahlreiche Zusatzinformationen: magische Mischverhältnisse, Inspirationen, etwa wie Cocktails mit Infusionen aromatisiert werden können, und alles über die richtigen Handgriffe und Techniken, um aus jedem Cocktail das Beste herauszuholen.

Ihr Geschmack, Ihre Lieblingsspirituosen und Ihr ganz persönlicher Stil beeinflussen jeden von Ihnen zubereiteten Cocktail – passen Sie daher auch Mengenangaben ruhig Ihren Bedürfnissen an, denn letztlich ist jeder Geschmack ein bisschen anders. Aber das ist ja das Schöne am Selbstmixen: Sie können jeden Drink genau so zubereiten, wie er Ihnen am besten schmeckt!

054 DEN RICHTIGEN SPRITZIG-LEICHTEN DRINK WÄHLEN

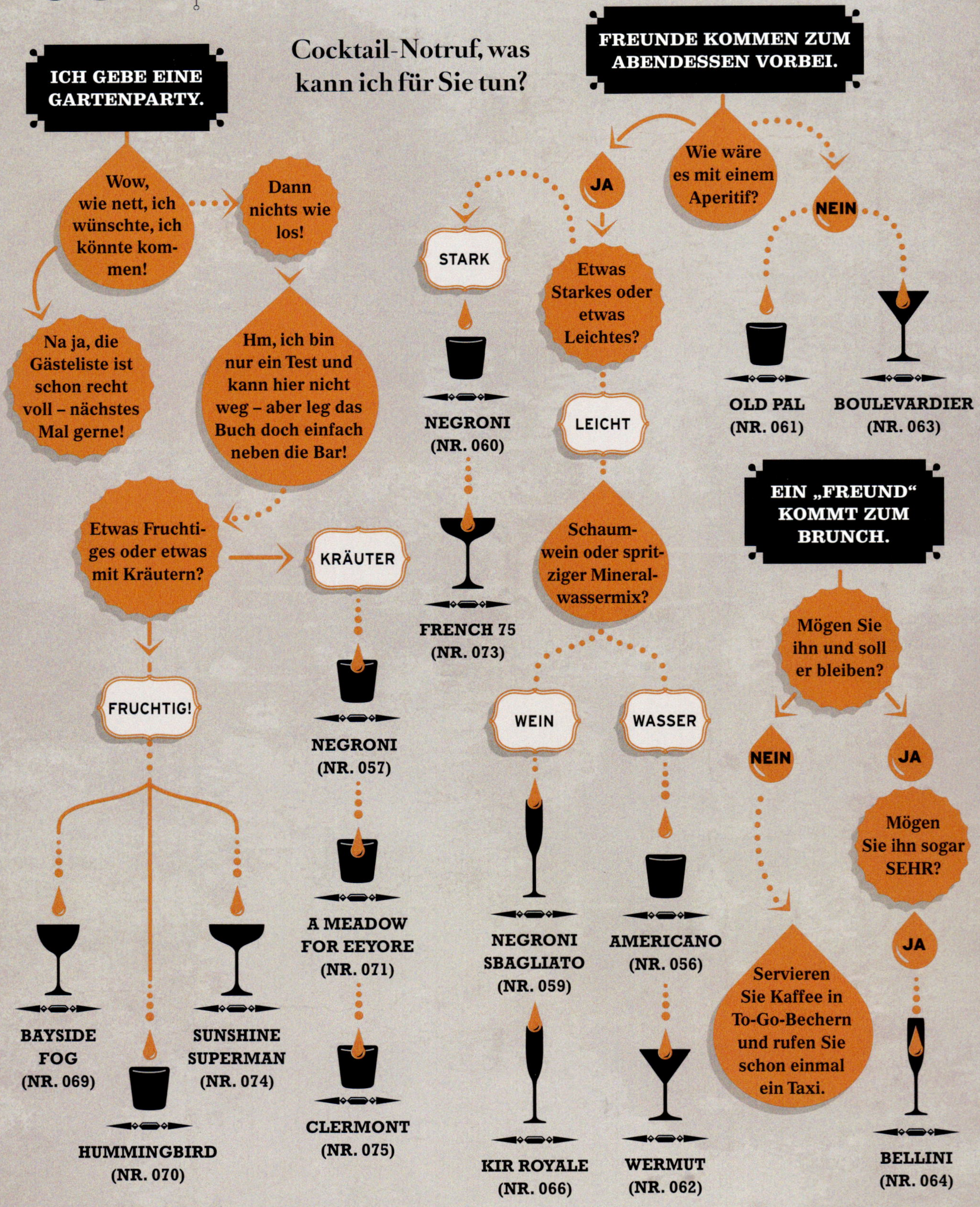

055

APPETITANREGEND

Da sie sehr bitter sind, schmecken Aperitifdrinks – vor allem für Cocktail-Neulinge – zunächst vielleicht etwas ungewohnt, aber es sind genau die enthaltenen, intensiv schmeckenden Bitterkräuter und -wurzeln wie Wermutkraut, Enzianwurzel und Chinarinde, die erwiesenermaßen den Appetit anregen.

056

AMERICANO

Der mit Kräutern aromatisierte Wermut und Bitterliköre wie Campari sind überall in Europa beliebte Aperitifdrinks – warum also nicht genau diese beiden kombinieren! Wie so oft scheiden sich auch bei der Herkunft des Namens Americano die Geister: Einige sagen, er käme vom italienischen Wort *amaro* (dt. „bitter"), andere behaupten, dieser Drink sei nach den Amerikanern benannt, bei denen er besonders beliebt ist. Aber bei einem sind sich alle einig: Der Americano schmeckt einfach köstlich!

3 cl roter Wermut

3 cl Campari

4,5 cl Sodawasser

Zitronen- oder Orangenscheibe

➜ *Wermut, Campari und Sodawasser in ein mit Eiswürfeln gefülltes Highballglas geben und verrühren. Eine Zitronen- oder Orangenscheibe als Garnitur ins Glas geben.*

057 KLASSISCHER NEGRONI

Der Legende nach entstand dieser Cocktail, als der Graf von Florenz, Camillo Negroni, bei seinem Barkeeper einen Americano mit Gin anstatt Sodawasser bestellte. Das einfache Mischverhältnis macht diesen Cocktail zu einem simplen, aber wirkungsvollen Drink.

4,5 cl Gin
4,5 cl roter Wermut
4,5 cl Campari
Orangenscheibe

Alle Zutaten in ein mit Eiswürfel gefülltes Old-Fashioned-Glas geben und verrühren. Die Orangenscheibe als Garnitur ins Glas geben.

058 STRAIGHT-UP SERVIERT

Lust auf eine etwas stärkere, raffinierte Abwandlung des Klassikers? Servieren Sie den Negroni „straight-up" – also ohne Eiswürfel in einem Martini- oder Coupetteglas – und verwenden Sie anstatt der Orangenscheibe einen Orangentwist (Nr. 256)! Alle Zutaten bis auf den Orangentwist in ein mit Eiswürfeln gefülltes Rührglas geben und etwa 20–30 Sekunden rühren, bis das Glas beschlägt. Den Cocktail in ein gekühltes Coupette- oder Martiniglas seihen und den Orangentwist als Garnitur ins Glas geben.

059 RICHTIG FALSCH

Der *Negroni Sbagliato* (italienisch für „Falscher Negroni") ist eine leichtere Version des klassischen Negroni, bei der der Gin durch Champagner ersetzt wird. Dieser spritzige Drink ist perfekt, wenn es später zum Essen viel Wein geben soll – oder wenn Ihnen einfach nach einem erfrischenden, weniger starken Aperitif ist!

USBG | ORTSVERBAND SAN FRANCISCO

✦ JOHN CODD ✦

Geschäftsführer | Tradition

060 ES GEHT NOCH FALSCHER

John Codd, Geschäftsführer des Tradition, wollte den klassischen Negroni nicht neu erfinden, er war nur neugierig, was passieren würde, wenn man den Cocktail im Mixer zubereitet. Das Ergebnis? Eine wunderbar leichte, weniger bittere und herrlich zitronige Gaumenfreude!

Einen klassischen Negroni (Nr. 057) zubereiten, inklusive Eis in einen Standmixer geben und cremig mixen.

061 OLD PAL

Der Schotte Harry MacElhone arbeitete als Barkeeper zunächst in New York, während der Prohibition ging er dann nach Paris und eröffnete Harry's New York Bar. Ihm wird die Erfindung zweier interessanter Negroni-Varianten zugeschrieben, die es sich zu probieren lohnt! Der in seinem 1922 erschienenem Buch *ABC of Mixing Cocktails* enthaltene Old Pal ist weniger süß und durch den gereiften Whiskey besonders geschmackvoll. Am Beispiel dieser Variante eines Klassikers wird deutlich, welchen Unterschied nur kleine Abwandlungen im Hinblick auf den Geschmack eines Cocktails bewirken können.

4,5 cl Rye Whiskey oder kanadischer Whisky

4,5 cl trockener Wermut

4,5 cl Campari

Alle Zutaten in ein mit Eiswürfeln gefülltes Rührglas geben, etwa 20–30 Sekunden rühren, bis das Glas beschlägt, und den Cocktail anschließend in ein gekühltes Old-Fashioned-Glas seihen.

062

WERMUT-VARIANTEN

TROCKEN/FRANZÖSISCH

Für klassische Martinis ist dieser Wermut mit seinen leichten frischen Kräuteraromen perfekt. Diese Wermut-Variante verwendet man auch zum Kochen.

SÜSS/ITALIENISCH

Bei dieser lieblichen Wermut-Variante dominieren süße Gewürzaromen. Durch Zugabe von Karamell erhält dieser Wermut seine charakteristische rötliche Färbung.

WEISS/BIANCO

Diese nur etwas süßere Variante des eher herben trockenen Wermuts überzeugt durch besonders intensive Kräuteraromen.

063 BOULEVARDIER

Der Boulevardier ist eine weitere dem klassischen Negroni ähnlichere Abwandlung aus MacElhone 1927 erschienenem Buch *Barflies and Cocktails*. Aufgrund der Prohibition war Bourbon damals nur schwer zu bekommen, vielleicht wollte MacElhone der beliebten Spirituose mit diesem Drink Tribut zollen – oder er wollte einfach in Erinnerungen an bessere Zeiten schwelgen.

4,5 cl Bourbon Whiskey

4,5 cl roter Wermut

4,5 cl Campari

Alle Zutaten in ein mit Eiswürfeln gefülltes Rührglas geben, etwa 20–30 Sekunden rühren, bis das Glas beschlägt, und den Cocktail anschließend in ein gekühltes Coupetteglas seihen.

Anmerkung: Manche Barkeeper bevorzugen es, weniger Wermut und Campari zu verwenden, damit der Whiskey seine Aromen besser entfalten kann – aber auch mit MacElhones klassischem Mischverhältnis zubereitet schmeckt dieser Cocktail einfach köstlich!

064

BELLINI

Dieser einfache Mix aus Pfirsichpüree und Champagner wurde in den 1940ern in Venedig erfunden: Der Barkeeper Giuseppe Cipriani benannte den Bellini nach Giovanni Bellini, einem venezianischen Maler des 15. Jahrhunderts. Der Grund? Dessen Vorliebe für zarte Pfirsichfarbtöne!

6 cl Weinbergpfirsichpüree (Wenn Sie keine Weinbergpfirsiche bekommen, können Sie auch normale Pfirsiche verwenden.)

12 cl Champagner

•➔ *Das Pfirsichpüree in eine Champagnertulpe geben, mit Champagner aufgießen, mit einem Barlöffel einmal umrühren und servieren.*

•➔ *Anmerkung: Frisch pürierte Pfirsiche mit Zuckersirup süßen – und die Säure mit Zitronensaft anpassen.*

065 DIE KORKEN (NICHT) KNALLEN LASSEN

Wenn in Rezepten mit Schaumwein als Zutat gearbeitet wird, verwenden Sie einfach einen, den Sie auch pur trinken würden – zum Beispiel italienischen Prosecco, französischen *Crémant*, spanischen *Cava* oder einfach Sekt oder Champagner. Vor allem bei eher süßen Cocktails sind trockene Varianten zu bevorzugen.

SCHRITT 1 Die Banderole, die um den Flaschenkopf liegt, entfernen und das Metallgestell, das den Korken auf der Flasche hält (Agraffe), vorsichtig aufdrehen, dabei die Flasche vom Körper weghalten und den Korken mit dem Daumen sichern.

SCHRITT 2 Ein Geschirrtuch über den Korken legen, den Korken mit der linken Hand festhalten und die Flasche mit der rechten Hand drehen. Der Korken sollte die Flasche mit einem sanften „Plop“ verlassen – und nicht mit einem lauten Knall durch den Raum schießen!

SCHRITT 3 Den Schaumwein anschließend in Champagnertulpen schenken – mit dem Geschirrtuch lassen sich Tropfen auffangen. Und dann? Anstoßen!

066 KIR ROYALE

Der klassische *Kir Royale* wird mit Crème de Cassis (Johannisbeerlikör) zubereitet, aber auch Abwandlungen mit anderen Frucht- und Crèmelikören schmecken lecker – experimentieren Sie!

1,5 cl Crème de Cassis

16 cl Champagner

Den Crème de Cassis in eine Champagnertulpe geben, mit Champagner aufgießen, mit einem Barlöffel einmal umrühren und servieren.

067 M-M-M-MIMOSA

Statt Orangensaft eignen sich auch andere süße Zitrussäfte – zum Beispiel Grapefruitsaft. Dieser erfrischende Klassiker darf bei keinem Sonntagsbrunch fehlen!

6 cl Orangensaft

12 cl Champagner

Den Orangensaft in eine Champagnertulpe geben und mit Champagner aufgießen.

068 SPRITZ-IGES VERGNÜGEN

Der Spritz, der traditionell aus Weißwein, Bitterlikör und Mineralwasser gemixt wird, kombiniert herrlich frische mit leicht bitteren Aromen. Dieser Drink entstand um 1800 in der italienischen Region Venetien: Ausländischen Besuchern sollen die regionalen Weine zu kräftig gewesen sein, also verlangten sie nach Mineralwasser, um den Wein zu verdünnen – beziehungsweise aufzuspritzen.

069

BAYSIDE FOG

Der Bayside Fog ist eine Hommage an die in den nebeligen Mooren (engl. *foggy bogs*) an der Küste (engl. *bayside*) von Oregon wild wachsenden Cranberrys. Die Tinktur aus Langem Pfeffer, einer dem schwarzen Pfeffer ähnlichen Pfefferart mit intensiven Aromen, sorgt für einen auf- und anregenden Schärfekick.

4,5 cl Aperol (oder anderer Bitterlikör)

1,5 cl Cranberrylikör (z. B. Clear Creek)

2 TL Langer-Pfeffer-Tinktur (siehe Nr. 035, 25 g fein gemahlenen Langen Pfeffer als Aroma dazugeben)

9 cl Sodawasser

1 halbe Orangenscheibe

Aperol, Cranberrylikör und die Tinktur in ein Weinglas geben, mit Sodawasser aufgießen und mit einem Barlöffel einmal umrühren. Mit einer halben Orangenscheibe garnieren.

070 HUMMINGBIRD

Der Hummingbird (engl. für Kolibri) ist nach dem hellroten Nektar, den man für Kolibritränken verwendet, benannt. Er wird aus Bitterlikör und Sodawasser gemixt und mit Vanille und Kaffee aromatisiert. Cappelletti ist weniger bitter als andere italienische Aperitifliköre – perfekt für diesen eleganten Drink!

- 4,5 cl Cappelletti Vino Aperitivo
- 1 TL Vanilleextrakt
- 1 TL Kaffee-Tinktur (siehe Nr. 035, etwa ein Drittel des Schraubglases mit Kaffeebohnen füllen und mit Wodka aufgießen)
- 9 cl Sodawasser
- Zitronenscheibe

➔ Cappelletti, Vanilleextrakt und Kaffee-Tinktur in ein Old-Fashioned-Glas geben, mit Sodawasser aufgießen und mit einem Barlöffel einmal umrühren. Die Zitronenscheibe als Garnitur ins Glas geben.

071 A MEADOW FOR EEYORE

Die Mischung aus holzig-kräftigem Wermut, duftender Kamille und warmen Honigaromen erinnert an eine bunte Sommerwiese und sorgt garantiert für gute Laune!

- 4,5 cl Petal & Thorn Vermouth von Imbue
- 1,5 cl Honigsirup 1:1
- 1 TL Kamille-Tinktur (siehe Nr. 035, 25 g getrocknete Kamilleblüten als Aroma dazugeben)
- 9 cl Tonic Water
- Limettenscheibe, essbare Blüten oder blühender Kräuterzweig

➔ Wermut, Honigsirup und Kamille-Tinktur in ein Old-Fashioned-Glas geben, mit Tonic Water aufgießen und mit einem Barlöffel einmal umrühren. Als Garnitur eine Limettenscheibe und frische essbare Blüten oder einen blühenden Kräuterzweig ins Glas geben.

USBG | ORTSVERBAND MIAMI

✦ **MARTÍN TUMMINO** ✦

Barmanager | Art Bar

072

ANARANJADITO

Der Anaranjadito (spanisch für „orangefarben") ist dem argentinischen Coloradito (spanisch für „rötlich") nachempfunden. Er erinnert an einen Americano mit trockenem Wermut und ohne Wasser – für die kräftige Farbe sorgt hier ein etwas leichterer italienischer Aperitiflikör wie etwa Aperol. Der Anaranjadito passt perfekt zu Picadas, der argentinischen Version der Tapas.

6 cl trockener Wermut

3 cl Aperitiflikör (z. B. Aperol)

1 Zitronenscheibe

Zitronentwist (Nr. 256)

➜ *Wermut, Likör und eine Zitronenscheibe in einen mit Eiswürfeln gefüllten Cocktail-Shaker geben und etwa 8–10 Sekunden kräftig shaken. Den Cocktail in ein Old-Fashioned-Glas seihen, den Zitronentwist über dem Drink zerdrehen und anschließend als Garnitur ins Glas geben.*

USBG | ORTSVERBAND ORLANDO

PAUL JOHNSEN ✦ Vizepräsident USBG Süd

073

FRENCH 75

Der French 75 verspricht Durchschlagkraft: Er ist nach einem bekannten französischen Geschütz, das im Ersten Weltkrieg zum Einsatz kam und seinen Namen dem 75-mm-Kaliber verdankt, benannt.

4,5 cl Gin

1,5 cl Zitronensaft

1,5 cl Zuckersirup 1:1

3 Spritzer Zitrusbitter (z. B. Bittermen's Boston Bittahs)

2 Zitronentwists (Nr. 256)

Brut Champagner

➜ *Gin, Zitronensaft, Zuckersirup, Bitter und einen Zitronentwist in einen mit Eiswürfeln gefüllten Cocktail-Shaker geben und 8–10 Sekunden kräftig shaken. Den Cocktail in eine gekühlte Champagnertulpe seihen und mit Champagner aufgießen. Den zweiten Zitronentwist über dem Drink zerdrehen und anschließend als Garnitur ins Glas geben.*

USBG | ORTSVERBAND DENVER

MATT COWAN ✦ Cocktail Curator | La Cour

074

SUNSHINE SUPERMAN

Dieser Cocktail ist wie Sonnenschein im Glas – perfekt für Garten- oder Grillpartys! Und sollte das Wetter nicht mitspielen, sorgt dieser Drink garantiert trotzdem für gute Laune.

3 cl Mezcal oder Gin (nach Wahl)

1,5 cl Zitronensaft

1,5 cl Aperitiflikör (z. B. Aperol)

1,5 cl Grapefruitlikör (z. B. Giffard Pamplemousse)

3 cl Prosecco

Grapefruittwist (Nr. 256)

➜ *Mezcal oder Gin, Zitronensaft, Aperitif- und Grapefruitlikör in einen mit Eiswürfeln gefüllten Shaker geben und 8–10 Sekunden kräftig shaken. Den Cocktail in ein gekühltes Coupetteglas oder eine Champagnertulpe seihen und mit Champagner aufgießen. Den Grapefruittwist über dem Drink zerdrehen und anschließend als Garnitur ins Glas geben.*

USBG | ORTSVERBAND CHATTANOOGA

✦ ALEXANDRIA JUMP ✦

Barmanagerin | Easy Bistro & Bar

075

CLERMONT

Dieser spritzige bitter-süße Cocktail ist angenehm leicht – damit perfekt für heiße Sommer(nachmit)tage. Der mit Rhabarber aromatisierte Wermut ist ganz eindeutig der Star dieses Cocktails – er schmeckt leicht säuerlich und doch erfrischend!

4,5 cl trockener Wermut, mit Rhabarber aromatisiert

2,2 cl Cynar (Artischokenlikör)

2,2 cl Cocchi Americano *Rosa* (Roséwein)

Brut Champagner

frischer Rhabarber

Für den Rhabarber-Wermut 375 ml trockenen Wermut und 150 g in grobe Stücke geschnittenen Rhabarber in ein großes Schraubglas geben. Die Infusion im Kühlschrank drei Tage ziehen lassen, anschließend abseihen und im Kühlschrank aufbewahren.

Wermut, Cynar und Cocchi in ein mit Eiswürfeln gefülltes Old-Fashioned-Glas geben, mit Champagner aufgießen und vorsichtig verrühren. Mit einem Gemüseschäler einen Rhabarbertwist abziehen und als Garnitur ins Glas geben.

076 DEN RICHTIGEN SPIRIT FORWARD WÄHLEN

Hier finden Sie hochprozentige Cocktails für jede Lebenslage.

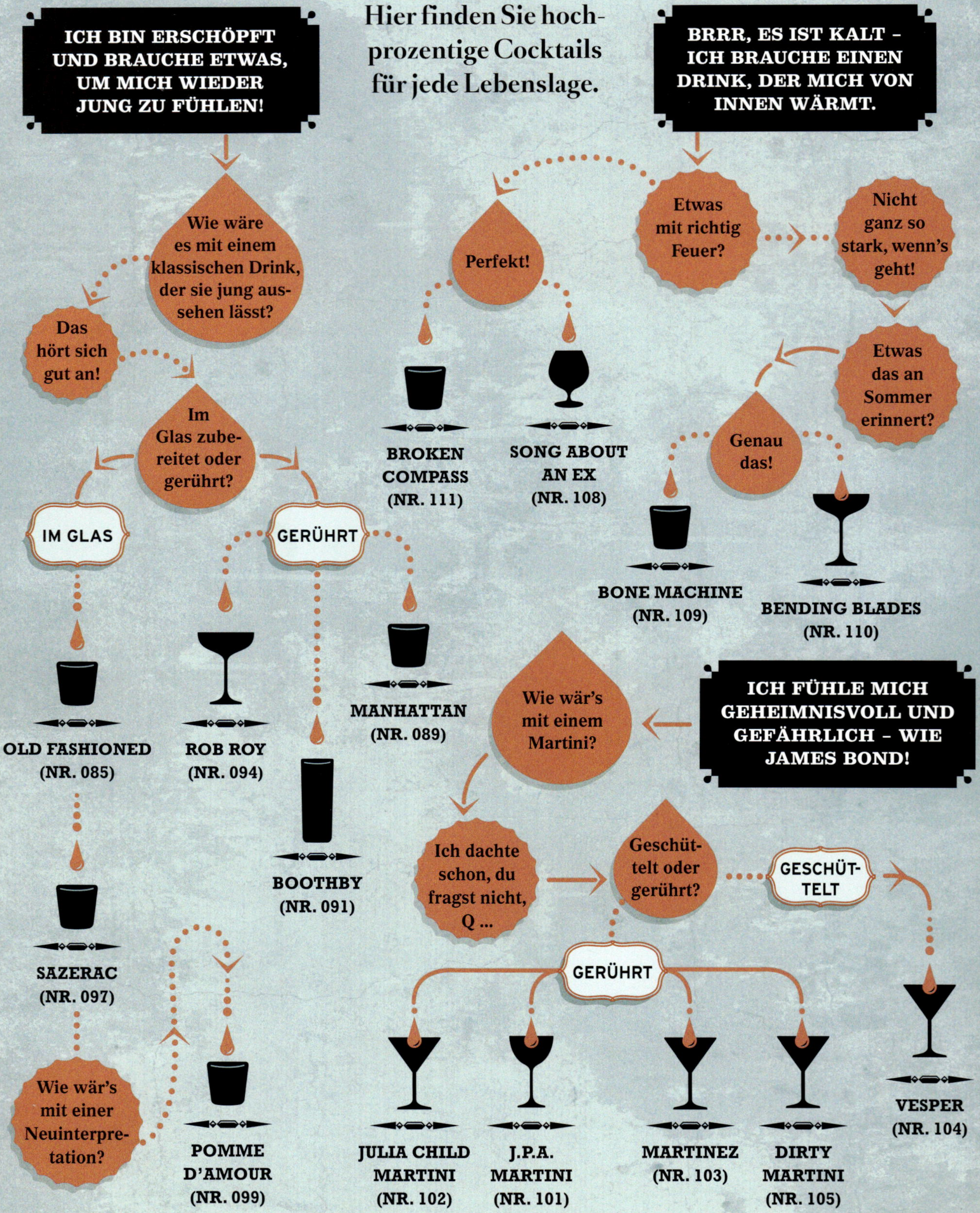

077 GERÜHRT – NICHT GESCHÜTTELT!

Cocktails, die nur klare alkoholische Zutaten enthalten, werden in einem Rührglas auf Eis vorsichtig verrührt – und nicht wild geshaked –, mithilfe eines Strainers abgeseiht und meist ohne Eis serviert. Viele Barkeeper arbeiten am liebsten mit eleganten, robusten Rührgläsern, die oft mit einer praktischen Ausgießlippe versehen sind, aber auch ein normales Wasserglas oder ein Glasmessbecher sind geeignet – was zählt ist schließlich nicht (nur) die Optik des Zubehörs, sondern vor allem der Geschmack der Cocktails!

078 BARLÖFFEL

Barlöffel gibt es in unterschiedlichen Varianten, mit Zierelementen und sogar mit nützlichem Zubehör – das entgegengesetzte Ende des Löffels kann beispielsweise mit einem Stößel oder einer Gabel zum Aufnehmen von Garnituren versehen sein. Barlöffel ohne Löffelende sehen aus wie an beiden Enden abgerundete Glasstäbe, sie eignen sich besonders, um direkt im Gästeglas zubereitete Cocktails wie den Pimm's Cup (Nr. 171) zu verrühren. Egal für welche Variante Sie sich entscheiden: Das Wichtigste ist, dass der Cocktail zügig und gleichmäßig gerührt wird, ohne dass das Eis splittert.

079

EINFACH RÜHREN(D)

Die Zubereitung eines gerührten Cocktails ist relativ unkompliziert – Zutaten und Eis ins Glas, umrühren, fertig. Aber damit gerührte Drinks perfekt gelingen, gilt es doch, einige Dinge zu beachten!

WELCHES EIS? Ganze Eiswürfel – und zwar reichlich!

WIE LANGE? Etwa 20–30 Sekunden (ja, so lange!), bis das Rührglas von außen beschlägt.

WAS IST ZU BEACHTEN? Löffel, Eis und Flüssigkeit sollten sich gleichmäßig bewegen. Wenn die Eiswürfel aneinanderstoßen oder Flüssigkeit aus dem Glas schwappt, eine Pause machen, tief durchatmen und ruhig weiterrühren!

080

EISZEIT

Gerührte Cocktails sind tendenziell stärker, aber ein gewisser Grad an Verdünnung ist auch hier meist gewünscht. Dadurch wird der Cocktail ausgewogen, vor allem wenn im Rezept hauptsächlich hochprozentige Spirituosen zum Einsatz kommen. Wenn Ihnen ein Drink zu stark vorkommt, beim nächsten Mal einfach einen Eiswürfel auf der flachen Hand mit dem stumpfen Ende das Barlöffels zerschlagen, die Eisstückchen zusammen mit den Eiswürfeln ins Glas geben, umrühren, abseihen – und das perfekt verdünnte Ergebnis genießen!

GIN

BEI DER GINHERSTELLUNG WIRD EIN AN SICH GESCHMACKSNEUTRALES KORNDESTILLAT (MEIST WODKA), MIT WACHOLDERBEEREN AROMATISIERT. DIE AROMATISIERUNG GESCHIEHT DABEI NICHT NACHTRÄGLICH, SONDERN DIREKT WÄHREND DER DESTILLATION. OFT DIENEN ZUSÄTZLICH AUCH ANDERE KRÄUTER ODER ZITRUSFRÜCHTE UND GEWÜRZE ALS AROMEN – ABER GENAU GENOMMEN IST GIN EIGENTLICH NICHTS ANDERES ALS EIN AROMATISIERTER WODKA.

081

SO KAM'S: GIN

Die Geschichte des Gins spannt sich über Jahrhunderte, ist sagenumwoben und teilweise skandalös – und zahlreiche Länder sind involviert.

Einigen Quellen zufolge verwendeten italienische Mönche bereits vor mehreren hunderten Jahren Wacholderbeeren zum Aromatisieren, heute ist man sich aber weitgehend einig, dass der erste Gin (damals noch Genever) im 16. Jahrhundert in Holland destilliert wurde. Britische Soldaten, die im Achtzigjährigen Krieg in den Niederlanden kämpften, berichteten vom *Dutch Courage* (holländischer Mut) – der Furchtlosigkeit, die man nach einem Schluck Gin verspürt.

In Holland war Gin lange Zeit hauptsächlich als medizinisches Stärkungsmittel beliebt (Wacholder ist ein natürliches Diuretikum!) und als Wilhelm von Oranien Ende des 17. Jahrhunderts den britischen Thron bestieg, brachte er das in seiner Heimat so beliebte Getränk mit nach England.

Während der folgenden 100 Jahre durchlebte der Gin in England Höhen und Tiefen: von der Gin-Epidemie zu Beginn des 18. Jahrhunderts, als die Regierung die lizenzfreie Produktion von Gin erlaubte, bis zum Tiefpunkt durch den Gin Act, mit dem man versuchte, den Konsum des billigen „Mother's Ruin" einzudämmen.

Erst mit der Erfindung der Destillationskolonne im 19. Jahrhundert wurde die heute weltweit bekannte und beliebte Ginkategorie London Dry Gin entwickelt.

082

ECHT BEERIG

Im 17. Jahrhundert schrieb man den kleinen Beeren des Wacholderbuschs gesundheitsförderliche Eigenschaften zu – sie wurden bei unterschiedlichen Leiden wie Gicht, Magen-, Nieren- und Leberbeschwerden verordnet. Heute sind Wacholderbeeren hauptsächlich dafür bekannt, dass sie dem Gin sein charakteristisches Aroma verleihen!

083

TONIC GEFÄLLIG?

Geschichte

Es heißt, dass es nicht die britische Seemacht, sondern der Gin Tonic war, der es den Engländern erlaubte, tropische Länder zu kolonialisieren. In Wasser aufgelöste, gemahlene peruanische Chinarinde war ein wichtiger Lieferant des gegen Malaria wirksamen Chinins – aber die Kolonisten brauchten etwas, um das trübe, bittere Gebräu hinunterzubekommen. Raten Sie mal. Richtig, Gin! Und selbst als bessere Medikamente gegen Malaria entwickelt wurden, büßte Tonic Water nicht an Beliebtheit ein – als erfrischende und weniger chininreiche Version des traditionellen Tonic Waters wird es seitdem als Aromageber und Filler (und nicht länger als Medikament) geschätzt.

084

GINSORTEN

Es gibt eine Vielzahl unterschiedlicher Ginsorten – das hier sind die geläufigsten!

GENEVER Der von den Holländern hergestellte Genever gilt als ursprüngliche Ginsorte. Die Herstellung erfolgt meist aus einem leicht süßlichen Malzwein, wodurch interessante Whisk(e)y- und Bieraromen entstehen. Nach holländischer Tradition wird er aus *Koopstojie* (dt. „Kopfstoß") getrunken: Diese kleinen tulpenförmigen Gläser werden bis zum Rand gefüllt, sodass man den Kopf nah zum Glas bewegen muss, um den ersten Schluck zu nehmen – daher Kopfstoß! Erst dann wird das Glas angehoben und der Rest getrunken.

LONDON DRY GIN Die wohl bekannteste Ginsorte ist der London Dry Gin – das ist dieser ganz typische Geschmack, der sicher auch Ihnen in den Sinn kommt, wenn Sie an Gin denken. London Dry Gin ist rein und ungesüßt und seine Aromen reichen von würzig bis blumig, aber immer steht der Wacholder im Vordergrund. Dry Gin wird heute nicht mehr nur in London, sondern auf der ganzen Welt hergestellt und ist besonders vielseitig einsetzbar – pur wird er allerdings seltsamerweise nur sehr selten getrunken.

OLD TOM Diese alte Ginvariante ist trockener als Genever, aber im Vergleich zum Dry Gin sehr viel süßer und oft auch leicht fruchtig.

SLOE GIN Der Sloe Gin ist eigentlich ein Likör: Er wird mit den zur Familie der Pflaumen gehörenden Schlehenbeeren aromatisiert. Nach der Aromatisierung werden die säuerlichen Beeren abgeseiht und der aromatisierte Gin wird gesüßt. Sloe Gin kann pur als Digestif getrunken werden – bekannter und beliebter ist er aber als Sloe Gin Fizz mit Zitrone und Mineralwasser.

MODERNE SORTEN Im Zuge des jüngsten Craft-Spirituosen-Booms entstanden Ginsorten mit weniger intensiven Wacholderaromen, bei denen der Fokus auf Gewürzen, Zitrusfrüchten oder Kräutern liegt. Ihr Geschmacksprofil liegt meist irgendwo zwischen aromatisiertem Wodka und London Dry Gin und ist sehr vielseitig, die meisten eignen sich aber dennoch sowohl für Gin Tonics als auch für Martinis.

085

OLD FASHIONED

Der Old Fashioned ist der Klassiker unter den klassischen Cocktails. Er ist einer der ältesten und einfachsten Drinks: Alles, was man braucht, ist ein Glas, eine Spirituose, etwas Zucker und wenige Spritzer Bitter. Das Rezept ist mehr ein Anhaltspunkt: Alle Zutaten können beliebig variiert werden – das mag verrückt klingen, aber toben Sie sich ruhig richtig aus, denn das Ergebnis ist garantiert immer köstlich!

1 Zuckerwürfel (oder ¾ TL Zucker oder 1 TL Zuckersirup 2:1)

2 Spritzer Bitter (z. B. Angosturabitter)

1 Schuss Wasser

6 cl Whiskey

Orangenscheibe

➜ *Den Zuckerwürfel in ein Old-Fashioned-Glas geben, dann Bitter und etwas Wasser dazugeben, bis sich der Zuckerwürfel vollgesaugt hat, und den Zucker anschließend mit einem Stößel möglichst fein zerdrücken. Einen großen Eiswürfel und den Whiskey dazugeben und mit einem Barlöffel einmal vorsichtig umrühren. Als Garnitur eine Orangenscheibe auf den Glasrand stecken.*

086 { MUDDLED OLD FASHIONED }

Lange bevor der Craft-Cocktail-Trend dazu führte, dass Barkeeper sich wieder mit klassischen Rezepten beschäftigten, gehörte diese Variante des Old Fashioned mit Orange und Kirsche zum Standardrepertoire in vielen Bars – und daran hat sich nichts geändert!

1 Zuckerwürfel (etwa ¾ TL)

Sodawasser

2 Spritzer Bitter (meist Angosturabitter)

2 Orangenscheiben

2 Cocktailkirschen

6 cl Rye oder Bourbon Whiskey

Den Zuckerwürfel in ein Old-Fashioned-Glas geben, dann Bitter und etwas Wasser dazugeben, bis sich der Zuckerwürfel vollgesaugt hat. Je eine Orangenscheibe und eine Kirsche dazugeben und alles mit einem Stößel zerdrücken. Die Orangenschale mit einer Barzange herausnehmen, einen großen Eiswürfel und den Whiskey dazugeben, alles mit einem Barlöffel vorsichtig verrühren und mit einem Schuss Sodawasser aufgießen. Als Garnitur eine Orangenscheibe und eine Kirsche auf einen Cocktailspieß stecken und diesen auf den Glasrand legen.

USBG | ORTSVERBAND SAN FRANCISCO

✦ KEVIN DIEDRICH ✦

Leitender Geschäftsführer | Pacific Cocktail Haven

087

KENTUCKY CONNECTION

Diese Old-Fashioned-Variante stammt von Kevin Diedrich, der nur einige kleine Veränderungen vornahm und so einen einzigartigen Drink kreierte: Hier trifft Cognac auf Whiskey und drei verschiedene Aromabitter. Je 3 cl Cognac und Whiskey, 1 TL Demerara-Zuckersirup 2:1 und je 2 Spritzer Angostura- und Zitrusbitter (Orangen- und Zitronenbitter im Verhältnis 2:1 gemischt) in ein mit Eiswürfeln gefülltes Glas geben und verrühren. Als Garnitur einen Orangen- und einen Zitronentwist (Nr. 256) ins Glas geben. Der Cognac unterstreicht die Zitrusaromen des Bourbons, während die Eichenaromen des Bourbons die fruchtigen Noten des Cognacs zum Vorschein bringt.

088 WISCONSIN OLD FASHIONED

Im Bundesstaat Wisconsin, wo der Old Fashioned seit jeher besonders beliebt ist, serviert man den Klassiker in vier Varianten: süß (mit Zitronenlimonade), sauer (mit Sweet & Sour Mix oder Grapefruitlimonade), mit Mineralwasser oder gespritzt (mit einer Mischung aus Zitronenlimonade und Mineralwasser). Garniert wird mit Orange und Kirsche – und manchmal sogar mit eingelegtem Gemüse.

1 Zuckerwürfel (etwa ¾ TL)

2 Spritzer Bitter (meist Angosturabitter)

Sodawasser, Sweet & Sour Mix, Zitronen- oder Grapefruitlimonade

2 Orangenscheiben

2 Cocktailkirschen

6 cl kalifornischer Brandy (in Wisconsin verwendet man meist Korbel) oder Cognac

Den Zuckerwürfel in ein Old-Fashioned-Glas geben, dann Bitter und etwas Wasser dazugeben, bis sich der Zuckerwürfel vollgesaugt hat. Eine Orangenscheibe und eine Kirsche dazugeben und alles mit einem Stößel zerdrücken. Brandy dazugeben, umrühren, einen großen Eiswürfel ins Glas geben und mit dem gewünschten Filler aufgießen. Als Garnitur eine Orangenscheibe und eine Kirsche auf einen Cocktailspieß stecken und diesen auf den Glasrand legen.

089 { MANHATTAN }

Der Ursprung des Manhattans ist umstritten, wahrscheinlich wurde er aber in den 1860ern zum ersten Mal serviert. Im Original wird er mit Rye Whiskey – auch unser Favorit! – gemixt, heute verwendet man aber auch Bourbon oder kanadischen Whisky. Während der Prohibition war kanadischer Whisky die beliebteste schwarzgebrannte Spirituose – und er hat seitdem an Beliebtheit nichts eingebüßt.

6 cl Rye Whiskey

3 cl italienischer (süßer) Wermut

2 Spritzer Angosturabitter

Cocktailkirschen

Alle Zutaten bis auf die Kirschen in ein mit Eiswürfeln gefülltes Rührglas geben und 20–30 Sekunden rühren, bis das Glas beschlägt, und den Cocktail anschließend in ein gekühltes Coupette- oder Martiniglas seihen. Als Garnitur einige Kirschen auf einen Cocktailspieß stecken und diesen auf den Glasrand legen.

090 PERFEKTE REZEPTUR

Je nach verwendetem Wermut nennt man den Manhattan *dry* (nur trockener französischer Wermut), *sweet* (nur süßer, roter, meist italienischer Wermut) oder *perfect*, wenn er aus gleichen Teilen süßem und trockenem Wermut besteht. Was wirklich „perfekt" ist, ist zwar subjektiv, aber feststeht: Die Mischung aus süßem und trockenem Wermut sorgt für ausgewogene würzige Kräuteraromen und – je nach verwendetem Wermut – für einen besonders gehaltvollen Drink. Als Garnitur für einen Perfect Manhattan eignet sich ein Zitronentwist.

USBG | ORTSVERBAND SAN FRANCISCO

✦ H. JOSEPH EHRMANN ✦

Inhaber/Betreiber | Elixir Saloon

091 BOOTHBY

H. Joseph Ehrmann kreierte diese Version des Signature-Cocktails des legendären William „Cocktail Bill" Boothby – einem Autor und berühmtem Barkeeper des Palace Hotel in San Francisco im frühen 20. Jahrhundert. Diese Manhattan-Version zeichnet sich durch genau die richtige Balance aus Süße und Bitterkeit aus und ist herrlich spritzig und raffiniert – perfekt für jede Cocktailparty.

4,5 cl Bonded Rye Whiskey

4,5 cl italienischer (süßer) Wermut

2 Spritzer Angosturabitter

3 cl Champagner (bevorzugt Brut)

Alle Zutaten bis auf den Champagner in ein mit Eiswürfeln gefülltes Rührglas geben und 20–30 Sekunden rühren, bis das Glas beschlägt. Den Cocktail in ein gekühltes Coupette- oder Martiniglas seihen und mit Champagner aufgießen.

092 WHISKY AUS KANADA

Von allen Whiskysorten sind die kanadischen Whiskys am wenigsten einfach einzugrenzen, da sich zahlreiche unterschiedliche Varianten Canadian Whisky nennen dürfen – von weniger hochwertigen Blends, denen oft Fruchtsäfte und Süßungsmittel zugesetzt werden, bis zu den hochwertigen Single Malts, die aus nur einer Destillerie stammen. Zudem herrscht die verbreitete Ansicht, der Canadian Whisky sei ein Rye Whisky, was allerdings nicht immer stimmen muss. Am besten begnügt man sich einfach damit, dass es wie beim Scotch zahlreiche unterschiedlich – und nicht DIE eine – kanadische Whiskysorten gibt! Was den Whisky aus Kanada aber von allen anderen Whiskysorten unterscheidet ist der Herstellungsprozess: Die Getreidesorten, die je nach Hersteller variieren, werden einzeln – und nicht wie etwa beim Bourbon gemeinsam – fermentiert und destilliert. Für Blended Whiskys werden zwei Destillate hergestellt: ein hochprozentiger und ein weniger starker „geschmacksgebender“ Whisky, die in unterschiedlichen Fässern reifen, bis sie schließlich zusammen abgefüllt werden.

093 DER WINTER KANN KOMMEN

Keine Frage: An kalten Wintertagen sehnt man sich nach einem warmem Drink – aber man kann sich die winterlichen Geschenke der Natur auch für eisgekühlte Cocktails zu Nutze machen! Seit jeher werden Drinks mit frischem Schnee gekühlt, und einige Barkeeper haben diese Zubereitungsart wieder für sich entdeckt. Es gibt unzählige Möglichkeiten mit der natürlichen Zutat Schnee zu arbeiten – zum Einstieg hier drei bewährte Methoden.

EISGEKÜHLT Sie bevorzugen eiskalte, aber unverdünnte Drinks? Flasche, Glas oder Flachmann einige Minuten im Schnee vergraben – Gutes kann so einfach sein!

SCHMELZWASSER Statt Crushed Ice eine Handvoll frischen Schnee in den Shaker geben und vorsichtig shaken. Schnee schmilzt schneller als Crushed Ice und ist daher perfekt zum Verdünnen. Am besten nur mit gekühlten Zutaten arbeiten und den Shaker nur sanft bewegen, damit der Schnee nicht zu schnell schmilzt.

SCHNEEZAUBER Cocktail-Winter-Wonderland für Erwachsene: Lieblingscocktailrezept wählen, ein gekühltes Glas mit frischem Schnee locker füllen, die nichtalkoholischen Zutaten vermischen und über den Schnee gießen, die gewünschte Spirituose dazugeben und den Cocktail mit einem Löffel servieren. (Falls Zutaten zerstoßen werden müssen, diese als erste ins Glas geben, mit dem Stößel bearbeiten und erst dann mit frischem Schnee auffüllen.)

094

ROB ROY

Der Rob Roy, eine Abwandlung des Manhattans, entstand 1894 im New Yorker Waldorf Astoria Hotel. Der Anlass? Die Premiere einer Operette über das Leben von Rob Roy MacGregor – besser bekannt als schottischer Robin Hood.

6 cl schottischer Blended Whisky

3 cl roter Wermut

2 Spritzer Angostura- oder anderer Aromabitter

Cocktailkirschen

Alle Zutaten bis auf die Kirschen in ein mit Eiswürfeln gefülltes Rührglas geben und 20–30 Sekunden rühren, bis das Glas beschlägt. Den Cocktail in ein gekühltes Coupette- oder Martiniglas seihen und als Garnitur einige Kirschen auf einen Cocktailspieß stecken und diesen auf den Glasrand legen.

095

BOBBY BURNS

Der Bobby Burns ist eine einfache Variante des Rob Roy – entweder mit 0,7 cl aromatischem Bénédictine oder ½ TL Absinth verfeinert. Je nach Zutat ergeben sich unterschiedliche Geschmacksprofile: Die Version mit Bénédictine ist dunkel und fast schokoladig im Geschmack, die mit Absinth ist hell, leicht und spritzig!

096 SCHOTTISCHE WHISKYREGIONEN

Ähnlich wie in Irland wird auch in Schottland etwa seit dem 11. Jahrhundert Whisky destilliert. Das Reifen in benutzten Eichenfässern ist eine weitverbreitete Herstellungsmethode, aufgrund der kalten Temperaturen zeichnet sich schottischer Whisky durch besonders lange Reifezeiten aus. Exportiert werden heute vor allem Blended Whiskys und traditioneller schottischer Malzwhisky, dessen Herstellung allerdings je nach Region variieren kann. Die große Nachfrage nach schottischem Whisky hat dafür gesorgt, dass Old Stocks (Whiskys mit langer Lagerzeit) heute kaum mehr angeboten werden – es hat einfach niemand mit der plötzlichen Beliebtheit des Scotch gerechnet, also hatten die Destillerien keine andere Wahl, als auch Whiskys mit kürzerer Reifezeit anzubieten. Wo ein Whisky herkommt, verrät übrigens so einiges über seinen Geschmack – sehen Sie selbst!

CAMPBELTOWN Am südöstlichen Rand der Highlands profitiert die Region um Campbeltown seit jeher von einem geschützten Hafen, in dem schon lange Whisky verschifft wird. Einst gab es hier mehr als 30 Brennereien, heute produzieren die drei verbliebenen Betriebe interessante Whiskysorten – von torfig bis blumig, aber immer mit herrlich salzigen Meeresaromen.

HIGHLANDS Die weiten Highlands im Nordwesten Schottlands zeichnen sich durch malerische Berglandschaften aus. Auch einige Inseln (Jura, Skye, Arran, Mull) gehören zu dieser Region, sie werden aber teilweise auch als eigene Whiskyregion angesehen. Die Whiskys aus den Highlands sind meist mild und reich an Honigaromen, die aus küstennahen Regionen kommenden Sorten haben einen eher salzigen Charakter.

SPEYSIDE Die Hälfte aller schottischen Whiskydestillerien ist in der nordöstlichen Region Speyside entlang des Flusses Spey ansässig. Die weiten Ebenen und die Nähe zu frischem Wasser machten dieses Gebiet bereits vor 1832, als noch Brennlizenzen vergeben wurden, zu einem bei Brennereien beliebten Gebiet. Der Speyside Whisky zeichnet sich durch eine breite Palette an Aromen aus, meist halten sich aber Torf, Gewürze und fruchtige Aromen die Waage.

LOWLANDS An der Grenze zu England beheimaten die waldigen und fruchtbaren Ebenen der Lowlands heute nur noch drei Whiskydestillerien. Die dort produzierten Whiskys werden meist dreifach destilliert und sind für ihre leicht grasige Note bekannt.

ISLAY Die Insel Islay ist für Whiskys mit besonders intensiven Raucharomen bekannt. Der Grund: In den zahlreichen Mooren wird Torf geerntet, der anschließend getrocknet, zu Briketts gepresst und zum Rösten der Gerste verwendet wird.

097 DER JAZZIGE: SAZERAC

Der zum offiziellen Cocktail der Stadt New Orleans deklarierte Sazerac, wie wir ihn heute kennen, ist das Ergebnis einer langen Entwicklung, die 1850 im Sazerac Coffee House in New Orleans mit dem Import von Sazerac de Forge & Fils Cognac aus Frankreich begann. Der Sazerac war eine einfache Abwandlung des Bitter Sling (den man heute als Old Fashioned kennt) und bestand aus Brandy, Zucker, Wasser, Absinth und Bitter, der nach einem alten Familienrezept von Antoine Amedie Peychaud zubereitet wurde. Als in den 1870ern eine große Traubenfäule in Frankreich die Cognacversorgung zum Erliegen brachte, verwendete man statt Cognac Rye Whiskey als Basisspirituose. Hier finden Sie das klassische Rezept – und eine spannende moderne Abwandlung.

USBG | ORTSVERBAND INDIANAPOLIS

✦ **JASON FOUST** ✦

Vizepräsident USBG Mittlerer Westen

098

DER KLASSISCHE SAZERAC

Jason Foust hat uns sein Rezept für einen klassischen Sazerac verraten. Wenn Sie statt Whiskey Cognac verwenden, wird der Drink dem Original aus den 1850er-Jahren noch ähnlicher!

1 Demerara-Zuckerwürfel

3 Spritzer Peychaud's Bitters

Rye Whiskey

7 ml Herbsaint (oder Absinth)

Zitronentwist (Nr. 256)

Ein Old-Fashioned-Glas mit Eiswürfeln füllen und beiseitestellen. Den Zuckerwürfel und den Peychaud's in ein Becher- oder Rührglas geben und mit einem Stößel zerdrücken. Rye Whiskey und Eis dazugeben und rühren, bis sich der Zucker aufgelöst hat. Die Eiswürfel aus dem Old-Fashioned-Glas nehmen, den Herbsaint oder Absinth in das Glas geben und schwenken, um das Glas zu benetzen. Den Cocktail in das vorbereitete Old-Fashioned-Glas seihen, den Zitronentwist über dem Drink zerdrehen und anschließend als Garnitur ins Glas geben.

USBG | ORTSVERBAND DENVER

MATT COWAN ✦ Cocktail Curator | La Cour

099 { POMME D'AMOUR }

Für diese moderne und doch klassische Variante des Sazerac wird Whiskey mit französischem Brandy kombiniert. Übersetzt heißt Pomme d'Amour „Karamell-Apfel" – und genau so schmeckt er!

1 Demerara-Zuckerwürfel

2 Spritzer Peychaud's Bitters

2 Spritzer Apfelbitter

3 cl Rye Whiskey

3 cl Calvados (Apfelbrandwein)

Absinth, zum Benetzen des Glases

Zitronentwist (Nr. 256)

Ein Old-Fashioned-Glas mit Eiswürfeln füllen und beiseitestellen. Den Zuckerwürfel und den Peychaud's in ein Becher- oder Rührglas geben und mit einem Stößel zerdrücken. Rye Whiskey und Calvados dazugeben und rühren, bis sich der Zucker aufgelöst hat. Eiswürfel dazugeben und rühren, bis das Glas beschlägt. Die Eiswürfel aus dem Old-Fashioned-Glas nehmen, den Absinth in das Glas geben und schwenken, um das Glas zu benetzen. Den Cocktail in das vorbereitete Old-Fashioned-Glas seihen, den Zitronentwist über dem Drink flambieren (Nr. 262) und anschließend als Garnitur ins Glas geben.

100

ZEITREISE DURCH DIE GESCHICHTE DES MARTINIS

Nur wenige Cocktails haben eine so unglaubliche Entwicklung durchgemacht wie der Martini: Kaum hat sich ein Rezept bewährt, wurde schon das nächste kreiert. In der Interval Bar erzählt Bar-Chefin Jennifer Colliau die Geschichte dieses vielseitigen Cocktails: Sie bietet sechs verschiedene Martini-Versionen an – ein Querschnitt durch 250 Jahre Martini-Geschichte. Diese Entwicklung zeigt nicht nur, wie wandlungsfähig kulturelle Geschmäcker und Vorlieben sind, sondern auch, wie sich ein Drink verändern kann und dennoch seine Identität bewahrt.

101 J.P.A. MARTINI

Als der deutsche Komponist Johann Paul Aegidius Schwartzendorf im späten 17. Jahrhundert als Hofmusiker nach Frankreich kam, nahm er den Namen Martini an, denn es galt damals als schick, einen italienisch klingende Nachnamen zu haben. Er war bekannt dafür, holländischen Genever mit Wein und Zimt zu trinken – einen Drink, der heute als erste Variante des Martini angesehen wird.

6 cl Genever (bevorzugt Diep9)

3 cl Chablis

Zimtstange

Genever und Chablis in ein Becher- oder Rührglas geben, mit Eiswürfeln auffüllen und 20–30 Sekunden rühren, bis der Drink auf etwa 0 °C heruntergekühlt ist. Den Cocktail in ein Nick-and-Nora- oder ein kleines Coupette- oder Martiniglas seihen und etwas Zimt frisch über den Drink reiben.

102 JULIA CHILD (AKA REVERSED MARTINI)

Diese leichte, Wermut-intensive Version des Martinis stammt von Jennifer Colliau. Das Standardmischverhältnis von Gin und Wermut im Verhältnis 2:1 wird umgekehrt – so soll Julia Child ihren Martini am liebsten getrunken haben!

11 cl trockener Wermut

2,2 cl London Dry Gin

Zitronentwist (Nr. 256)

Alle Zutaten bis auf den Zitronentwist in ein Becher- oder Rührglas geben, mit Eiswürfeln auffüllen und 20–30 Sekunden rühren, bis der Drink auf etwa 0 °C heruntergekühlt ist. Den Cocktail in ein Coupette- oder Martiniglas seihen, den Zitronentwist über dem Drink zerdrehen und anschließend als Garnitur ins Glas geben.

103

MARTINEZ

Um den Ursprung dieses Drink, der oft als Vorgänger des Martinis angesehen wird, ranken sich zahlreiche geheimnisvolle Legenden – wie die des Minenarbeiters auf seinem Weg nach Martinez.

6 cl Old Tom Gin

3 cl süßer Wermut (bevorzugt Dolin Rouge)

2 Spritzer Orangenbitter

Zitronentwist (Nr. 256)

➜ Alle Zutaten bis auf den Zitronentwist in ein Rührglas geben, mit Eiswürfeln auffüllen und 20–30 Sekunden rühren, bis der Drink auf etwa 0 °C heruntergekühlt ist. Den Cocktail in ein Nick-and-Nora-, ein Coupette- oder ein Martiniglas seihen, den Zitronentwist über dem Drink zerdrehen und anschließend ins Glas geben.

104

VESPER

Die Geschichte des Martinis ist natürlich eng mit Ian Flemings Romanfigur James Bond verknüpft. Diese Martini-Variante stammt von Fleming selbst und ist nach einem Bond-Girl benannt: Vesper Lynd.

4,5 cl London Dry Gin

2,2 cl Wodka

1,5 cl Cocchi Americano (Aperitifwein)

Zitronentwist (Nr. 256)

➜ Alle Zutaten bis auf den Zitronentwist in einen mit Eiswürfeln gefüllten Cocktail-Shaker geben und 8–10 Sekunden kräftig shaken. Den Cocktail in ein Coupette- oder Martiniglas seihen, den Zitronentwist über dem Drink zerdrehen und anschließend ins Glas geben.

USBG | ORTSVERBAND SAN FRANCISCO

✦ **JENNIFER COLLIAU** ✦

Inhaberin Small Hand Foods

105

DIRTY MARTINI

Diese Version basiert auf einem Rezept des Dirty Martini, das Naren Young im Saxon + Parole in New York kreierte – es zeigt, dass sich „dirty" und klassisch kein bisschen ausschließen!

4,5 cl Navy-Strength Gin

4,5 cl Dirty Wermut

Oliven

natives Olivenöl extra

•➔ *Für den Dirty Wermut 375 ml trockenen Wermut, 125 g entkernte schwarze Cerignola-Oliven und eine Prise Salz in einen Standmixer geben und fein pürieren. Die Mischung durch ein Teesieb in ein Glas seihen, kurz warten, bis die Olivenrückstände zu Boden gesunken sind, und dann nochmals abseihen.*

•➔ *Gin und Dirty Wermut in ein Becher- oder Rührglas geben, mit Eiswürfeln auffüllen und 20–30 Sekunden rühren, bis der Drink auf etwa 0 °C heruntergekühlt ist. Den Cocktail in ein Coupette- oder Martiniglas seihen, als Garnitur eine Olive ins Glas geben und den Drink mit Olivenöl beträufeln.*

USBG | ORTSVERBAND SAN FRANCISCO

✦ JENNIFER COLLIAU ✦

Inhaberin Small Hand Foods

106

FIFTY-FIFTY SPLIT

Dieser Drink ist eine Variante des 50-50 Martini, den Audrey Saunders in ihrer Bar Pegu Club in New York serviert. Statt Wermut und Gin kommen bei dieser Version von Erik Adkins, Beverage Director im Slanted Door, zwei unterschiedliche Wermutsorten zum Einsatz. Das Ergebnis? Ein etwas trockenerer, sehr aromatischer Martini!

4,5 cl London Dry Gin

2,2 cl trockener Wermut (bevorzugt Dolin)

2,2 cl weißer Wermut (bevorzugt Dolin)

1 Spritzer Orangenbitter

Zitronentwist

Alle Zutaten bis auf den Zitronentwist in ein Becher- oder Rührglas geben, mit Eiswürfeln auffüllen und 20–30 Sekunden rühren, bis der Drink auf etwa 0 °C heruntergekühlt ist. Den Cocktail in ein Coupette- oder Martiniglas seihen, den Zitronentwist über dem Glas zerdrehen und anschließend als Garnitur ins Glas geben.

USBG | ORTSVERBAND SAN FRANCISCO

IAN ADAMS ✦ Geschäftsführer und Sherry Curator | 15 Romolo

107 { SELBSTGEMACHTE WERMUT-BASIS }

Wermut ist mittlerweile Ihre Lieblingscocktailzutat geworden? Dann kommt dieses Rezept für selbstgemachte Wermut-Basis sicher wie gerufen! Wer das Grundrezept – mit dem sich sowohl weißer als auch roter Wermut zubereiten lässt – beherrscht, kann es nach Lust und Laune variieren.

1,5 g Wermutkraut

1,5 g Alant

0,3 g Angelikawurzel

3 Vanielleschoten

5 g Bitterorangenabrieb

1,125 g Kräuter der Provence

0,6 g Koriandersamen

0,5 g gemahlene Muskatnuss

0,7 g Zimtstange

0,4 g Kamille

0,25 g Damiana

0,4 g Rooibos-Tee

Abrieb einer halben Orange

375 ml VS Armagnac

375 ml Birnenlikör (für weißen Wermut) ODER

375 ml Patxaran (für roten Wermut)

Alle Zutaten in eine große Schüssel geben, gut vermischen und etwa 48 Stunden abgedeckt an einem kühlen, dunklen Ort ziehen lassen. Die Wermut-Basis anschließend abseihen und je nach Rezept fortfahren.

Für weißen Wermut 375 ml Wermut-Basis mit 1125 ml Fino-Sherry (eine 0,75-l-Flasche plus eine 375-ml-Flasche) vermischen und über Nacht ziehen lassen. Fertig ist Ihr selbstgemachter weißer Wermut!

Für roten Wermut 375 ml Wermut-Basis mit 1125 ml Cream-Sherry (eine 0,75-l-Flasche plus eine 375-ml-Flasche) vermischen und über Nacht ziehen lassen. Fertig ist Ihr selbstgemachter roter Wermut!

USBG | ORTSVERBAND INDIANAPOLIS

✦ JASON FOUST ✦

Vizepräsident USBG Mittlerer Westen

108

SONG ABOUT AN EX

Inspiriert durch einen Besuch in der „Copper & Kings"-Destillerie in Kentucky, wo jede Brennblase nach einem Bob-Dylan-Song benannt ist und im Fasslager Musik gespielt wird, um den Brandy zum Tanzen zu bringen, entwickelte Jason Foust diesen Cocktail – eine Mischung aus Amerikanischem, Italienischem und Französischem in Erinnerung an eine vergangene Liebe.

4,5 cl gereifter Brandy (bevorzugt Copper & Kings)

2,2 cl Chartreuse

2,2 cl Cynar

2 Spritzer Grapefruitbitter

Zitronenentwist (Nr. 256)

Alle Zutaten bis auf den Zitronentwist in ein Rührglas geben, mit Eiswürfeln auffüllen und 20–30 Sekunden rühren. Den Cocktail in einen Cognacschwenker oder ein Old-Fashioned-Glas seihen, den Zitronentwist über dem Drink zerdrehen und anschließend als Garnitur ins Glas geben.

USBG | ORTSVERBAND SAN FRANCISCO

JEFF LYON ✦ Inhaber/Betreiber | Third Rail

109

BONE MACHINE

Nein, dieser Drink ist weder nach einem Wrestler noch nach einem Pornodarsteller benannt – sondern nach dem Grammy-prämierten Tom-Waits-Album von 1992. Geschmacklich im Mittelpunkt steht hier der Kirschlikör – so entsteht, nicht wie man vermuten möchte ein klebriges Gebräu, sondern ein trockener Cocktail mit herrlich spritzigen Zitrusnoten.

4,5 cl Oloroso-Sherry

3 cl Bourbon Whiskey

3 cl Amaro Nonino

3 cl Bénédictine

1 Spritzer Aromabitter

2 Spritzer Orangenbitter

Orangentwist (Nr. 256)

Alle Zutaten bis auf den Orangentwist in eine Rührglas geben, mit Eiswürfeln auffüllen und 20–30 Sekunden rühren. Den Cocktail in ein Old-Fashioned-Glas seihen und einen großen Eiswürfel dazugeben. Den Orangentwist über dem Drink flambieren (Nr. 262) und anschließend als Garnitur ins Glas geben.

USBG | ORTSVERBAND LOS ANGELES

CHRISTOPHER DAY ✦ Barmanager | General Lee's Cocktail House

110

BENDING BLADES

Der Bending Blades ist ein sommerlicher Tequila-Martini mit fruchtigen Aromen und einem angenehm trockenem Finish – als würde man an einem Sommertag auf einer frischgemähten Wiese sitzen.

4,5 cl weißer Tequila

1,5 cl Grapefruitlikör (bevorzugt Giffard Pamplemousse Rose)

1,5 cl Manzanilla-Sherry (bevorzugt Lustau Papirusa)

1,5 cl Salers (Enzianlikör)

Zitronenentwist (Nr. 256)

Alle Zutaten bis auf den Zitronentwist in ein Rührglas geben, mit Eiswürfeln auffüllen und 20–30 Sekunden rühren. Den Cocktail in ein Nick-and-Nora- oder ein kleines Coupette- oder Martiniglas seihen, den Zitronentwist über dem Drink zerdrehen und anschließend als Garnitur ins Glas geben.

USBG | ORTSVERBAND DENVER

✦ ANDREAS PEJOVIC ✦

Barkeeper | OAK at fourteenth

111

BROKEN COMPASS

Dieser Cocktail ist von der Geschichte eines norwegischen Schiffs, das vom Kurs abgekommen ist, inspriert: ein zerbrochener Kompass und Zwischenstopps in Jamaika, Curaçao und Spanien – und das alles in flüssiger Form!

2,2 cl Jamaika-Rum (Navy-Strength)

2,2 cl Aquavit (bevorzugt in Oloroso-Sherry-Fässern gereifter Linie)

2,2 cl Manzanilla-Sherry

1,5 cl Curaçao (bevorzugt Pierre Ferrand Dry Curaçao)

7 ml Grenadine

1 Spritzer Mandelaroma

Orangentwist, in Form einer Kompassnadel geschnitten

•➔ *Alle Zutaten bis auf den Orangentwist in ein Rührglas geben, mit Eiswürfeln auffüllen und 20–30 Sekunden rühren. Den Cocktail in ein Old-Fashioned-Glas seihen und einen großen Eiswürfel dazugeben. Den Orangentwist über dem Drink zerdrehen und anschließend auf dem Rand des Glases drapieren.*

RUM

IM 17. JAHRHUNDERT ENTDECKTE MAN IN DER KARIBIK, DASS SICH MELASSE, EIGENTLICH EIN ABFALLPRODUKTE DER ZUCKERPRODUKTION, ZUR DESTILLATION EIGNET – DIE GEBURTSSTUNDE DES RUMS.

112

SO KAM'S: RUM

100 Tonnen Zuckerrohr ergeben 10 Tonnen raffinierten Zucker und 5 Tonnen „Abfallprodukt" in Form von Melasse. Aus einer Tonne Melasse können 265 l Rum hergestellt werden – das sind echt viele Mai Tais!

Aber es gibt auch eine Schattenseite der Erfolgsgeschichte des Rums – der Handel mit Sklaven im Zuge des Dreieckshandels, der erst Anfang des 19. Jahrhunderts zum Erliegen kam: Melasse wurde in die amerikanischen Kolonien gebracht und zu Rum verarbeitet, dieser wurde in Afrika gegen Sklaven eingetauscht, die wiederum in die Karibik gebracht wurden, um auf den Zuckerrohrplantagen zu arbeiten.

Als die Briten den Franzosen das Ansteuern ihrer Kolonien in der Karibik verwehrten, verbot Napoleon den Zuckerimport nach Frankreich, was zu einem Aufschwung der Zuckerproduktion aus Zuckerrüben führte. Frankreich war damit unabhängig vom Zuckerrohr – und zahlreiche Raffinerien gingen beinahe zugrunde. Auf den Inseln begann man schließlich den frischen Zuckerrohrsaft nicht mehr zu raffinieren, sondern direkt zu Rum weiterzuverarbeiten – wodurch eine neue Rumvariante entstand.

Mit den Portugiesen und Spaniern kam das Zuckerrohr schließlich nach Mittel- und Südamerika, wo man schon bald ins Zucker- und Rumgeschäft einstieg: Brasilien wurde einer der größten Zuckerproduzenten und Facundo Bacardi Massó erfand ein Herstellungsverfahren mit Destillationskolonne und Kohlefilter – und damit einen angenehm milden Rum, der heute auf der ganzen Welt beliebt ist.

113

ANDERE LÄNDER …

Geographie

Die Rumsorten, die in der Karibik und in Mittel- und Südamerika produziert werden, lassen sich nach dem Einfluss der jeweiligen Kolonialmächte unterscheiden. In englischsprachigen Ländern ist der Rum dunkel und geschmackvoll, wobei Jamaika-Rum besonders robust ist. In spanischsprachigen Ländern sind weniger intensive fassgereifte Sorten beliebt und in französischsprachigen Ländern wird Rum aus frischem Zuckerrohrsaft statt aus Melasse hergestellt, wodurch ein kräftiger, sehr intensiver Rum entsteht, der aber dennoch leichter ist als der Jamaika-Rum.

114 DER HERSTELLUNGSPROZESS

Das Ausgangsprodukt für Rum ist immer Zuckerrohr – meist in Form von Melasse, aber auch frischer Zuckerrohrsaft und jede Art von aus Zuckerrohr gewonnenem Zucker sind geeignet.

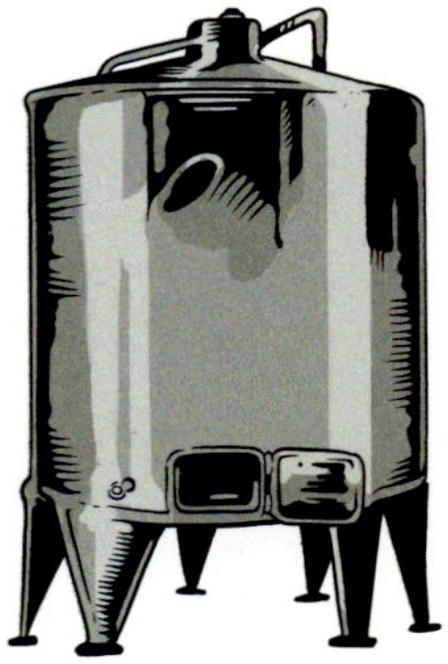

SCHRITT 1 Die Melasse wird mit Wasser verdünnt und die Hefe beginnt mit ihrer Arbeit, der Fermentation der Saccharose. In einigen Destillerien erledigt das die natürliche Hefe, andere setzen künstlich hergestellt Hefestämme zu und wieder andere, etwa in Jamaika, arbeiten mit Dunder, einem Rückstand aus einem früheren Brennvorgang.

SCHRITT 2 Abhängig von der Umgebungstemperatur ist das Ferment schon etwa 24 Stunden später fertig, die meisten Destillerien kühlen ihre Gärtanks allerdings, wodurch der Prozess der Fermentation verlangsamt wird und die Hefe Zeit hat, intensivere Aromen zu entwickeln.

SCHRITT 3 Das Ferment wird anschließend zweifach destilliert – entweder in Brennblasen (für vollere Aromen) oder in einer Destillationskolonne (für reineren Geschmack).

SCHRITT 4 Meist reift der Rum in Holzfässern, ansonsten darf er vor dem Abfüllen zumindest noch in Edelstahltanks ruhen.

115

RUMSORTEN

Es lohnt sich, die zahlreichen Rumsorten und ihre Geschmacksprofile zu kennen – je nachdem, welchen Rum man verwendet, kann auch ein Cocktail ganz anders schmecken!

WEISSER/LEICHTER RUM Dieser klare Rum wird traditionell aus Melasse hergestellt und hochprozentig destilliert, was für besonders reinen Geschmack sorgt. Zusätzlich werden weißem Rum manchmal gefilterte gereifte Rumsorten zugemischt, um die Aromen noch zu verstärken. Für Cocktails verwendet man meist diese Rumsorte.

GOLDENER/GEREIFTER RUM Diese Rumsorte ist mild und angenehm im Geschmack. Sie wird aus Melasse gewonnen und ihr unverwechselbarer Farbton entsteht durch die Fassreifung (manchmal in Kombination mit der Zugabe von Karamell). Ein perfekter Digestif!

DUNKLER/JAMAIKA-RUM Dunkler oder Jamaika-Rum ist ein Rum auf Melassebasis mit langer Reifezeit, bei dem bei der Destillation möglichst viel Melassearoma erhalten bleiben. Diese Rumsorte ist besonders vollmundig und kräftig, und damit perfekt für Mischgetränke – wie den klassischen Mai Tai (Nr. 149).

RHUM AGRICOLE Rhum Agricole ist eine Rumvariante aus sogenannter „landwirtschaftlicher Herstellung", bei der die Fermentation durch natürliche Hefe erfolgt, bevor das Ferment in Brennblasen destilliert wird. Ungereift ist er sehr würzig und rustikal – durch die Fassreifung werden diese intensiven Aromen etwas abgemildert.

CACHAÇA Brasilien ist nicht nur der größte Zuckerproduzent, hier wird auch der Cachaça hergestellt – eine Rumsorte die aus frischem Zuckerrohrsaft und nicht aus „Abfallprodukten" der Zuckerproduktion hergestellt wird. Meist wird Cachaça in Destillierkolonnen destilliert und ungereift abgefüllt, wodurch eine grasige, aber sehr reine Spirituose entsteht. Cachaça kann aber auch in Brennblasen destilliert werden und wie Rumsorten auf Melassebasis in Fässern reifen – meist verwendet man Eiche, aber auch exotische Holzarten wie Jequitibá, Balsa oder Tolu kommen zum Einsatz.

AROMATISIERTER RUM Bis vor wenigen Jahren wurde Rum fast immer künstlich aromatisiert (auch wenn auf den Etiketten oft „natürliche Aromen" versprochen wurden). Mittlerweile gibt es aber viele Alternativen – etwa durch Infusionen oder Destillate aus Früchten aromatisierte Rumsorten. Vor allem die Ananas- und Kokosvarianten sind empfehlenswert: Sie schmecken wie warmes karibisches Glück, das bloße Füße im Sand umspült.

→ Für Anfänger eigenen sich Versionen mit einem Glas und einem Metallbecher – so behält man beim Bauen der Drinks und beim Zerstoßen von Zutaten im Glas den Überblick. Ein Shaker aus zwei Metallbechern ist etwas leichter – so werden die Arme nicht so schwer, wenn Sie viele Cocktails zubereiten!

→ **BOSTON- ODER ZWEITEILIGER SHAKER** Diese Version ist ein besonders vielseitig einsetzbarer Klassiker. Der Boston-Shaker besteht aus zwei Teilen: einem etwas kleinerem Mixglas oder Metallbecher und einem großen Metallbecher, der zum Shaken über den kleineren gestülpt wird.

116 BASISWISSEN COCKTAIL-SHAKER

Der Cocktail-Shaker ist eines der wichtigsten Barwerkzeuge – und das Utensil, das einem in den Sinn kommt, wenn man sich einen typischen Barkeeper vorstellt. Cocktail-Shaker werden hauptsächlich zum Mixen von Drinks mit Saft, Milchprodukten und Eiweiß verwendet – um die Zutaten schnell zu kühlen, aber auch um die gewünschte Textur zu erhalten. Es gibt eigentlich keine strikten Vorgaben, welchen Shaker man grundsätzlich verwenden sollte: Je nachdem, welches Ergebnis gewünscht ist, gibt es unterschiedliche Varianten. Auch die passenden Strainer gibt es in zahlreichen Ausführungen.

COBBLER- ODER DREITEILIGER SHAKER Der dreiteilige Cobbler-Shaker ist das Modell, das am häufigsten zum Einsatz kommt. Dieser Shaker besteht aus einem großen Metallbecher, einem Aufsatz mit integriertem Sieb und einer Verschlusskappe. Er ist perfekt, wenn man nur einen Drink zubereiten möchte, für größere Mengen ist er allerdings eher ungeeignet: Es kann sein, dass sich an den Metallkanten Eis bildet, das die Teile zusammenfrieren lässt – die einzelnen Teile wieder auseinander zu bekommen dauert und ist nervig, und wir wollen schließlich nicht, dass Sie Ihren Gästen ungemixte Cocktails servieren!

FRENCH- ODER PARISIAN-SHAKER Auch der French-Shaker besteht aus zwei Metallteilen – und er sieht ein bisschen aus wie eine Kombination aus Cobbler- und Boston-Shaker. Durch die geschwungene Verschlusskappe liegt er gut in der Hand. Eine elegante Version, die leider nicht sehr vielseitig ist!

COCKTAIL-SHAKER ÖFFNEN

117 Es ist gar nicht so leicht, den fertigen Cocktail aus dem Shaker zu bekommen, aber mit diesen Tipps landen Ihre Drinks im Handumdrehen dort, wo sie hingehören – im Glas!

Wenn Sie einen Cobbler-Shaker verwenden, einfach ein mit warmem Wasser angefeuchtetes Geschirrtuch etwa eine Minute um die Verschlusskappe (nicht um den Shaker, sonst wird der Drink warm!) legen und dann durch sanftes Rütteln lösen.

Wenn Sie einen Boston-Shaker mit einem Mixglas verwenden, halten Sie den Metallbecher mit der linken Hand fest, und versetzen Sie dem Shaker da, wo die beiden Teile aufeinandertreffen, einen leichten Schlag mit dem Ballen der rechten Hand.

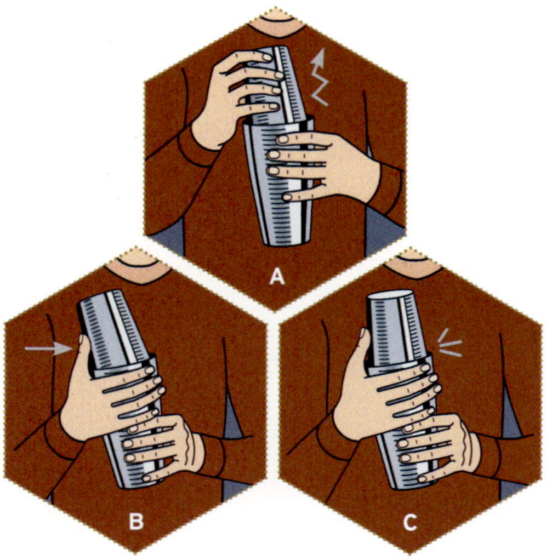

Bei einem zweiteiligen Metallshaker den größeren Becher mit der linken Hand festhalten und leicht zusammendrücken, gleichzeitig mit der anderen Hand den kleineren Becher hin und her bewegen (A). Wenn das nicht reicht, den größeren Becher gut festhalten (B) und den kleineren mit dem Daumen der rechten Hand kräftig zur Seite drücken (C).

118 UNVERZICHTBAR: DER STRAINER

Sie gehören zwar zu den eher einfacheren Barwerkzeugen und doch gibt es Strainer beziehungsweise Barsiebe in unterschiedlichen Varianten. Jede hat ihre Stärken und Schwächen und wie immer gilt: Verwenden Sie die Variante, mit der Sie am besten zurechtkommen!

TEESIEB Ein feinmaschiges Teesieb ist perfekt für geshakte Drinks, bei denen es auf die Textur ankommt – und darauf, dass feinste Eissplitter und zerstoßene Zutaten nicht im Glas landen.

JULEP-STRAINER Der Julep-Strainer sieht aus wie ein überdimensionierter Sieblöffel. Er ist perfekt für gerührte Drinks, bei denen es hauptsächlich darum geht, große Eisstücke zurückzuhalten.

HAWTHORNE-STRAINER Der Hawthorne-Strainer ist das vielseitigste Barsieb: Er passt auf fast alle Shaker-Becher und Gläser und eignet sich sowohl für geshakte als auch gerührte Cocktails.

USBG | ORTSVERBAND LOS ANGELES

✦ **MARCOS TELLO** ✦

Bar- & Spirituosen-Berater

119 SHAKEN WIE EIN PROFI

Das Beste an der Cocktailzubereitung ist das Shaken – das dumpfe Klirren der Eiswürfel auf Metall hat einfach etwas unglaublich Befriedigendes! Auch beim Shaken gibt es einiges zu beachten, denn wie man shaked, hat Einfluss auf den Geschmack des zubereiteten Drinks!

FUNKTIONSWEISE Die Funktionsweise eines Shakers ist vergleichbar mit der eines Kolbens: Bewegt man den Shaker vor und zurück, treffen Eis und Flüssigkeit immer wieder aufeinander und der Cocktail wird schön kalt und luftig. Die Temperatur des Metallbechers verrät Ihnen, wie kalt der Drink ist, idealerweise sollte man aber mindestens 8–10 Sekunden shaken.

EISIGE UNTERSCHIEDE Für die meisten Cocktails sind normale Eiswürfel perfekt, aber echte Profis variieren die Größe der Eiswürfel, um perfekte Ergebnisse zu erzielen: Durch einen einzelnen großen Eiswürfel wird der Cocktail luftiger, Crushed Ice sorgt dafür, dass der Cocktail stärker verdünnt wird.

IT'S SHOWTIME Jeder Barkeeper ist gleichzeitig Entertainer – und das Shaken die Showeinlage: Es gibt kaum etwas, das trauriger anzusehen ist, als ein halbherziger Shaker, also packen Sie Ihre Tanzmoves aus und lassen Sie es so richtig krachen!

GESUNDHEIT GEHT VOR Verletzungen durch Überlastung sind häufig – um das zu vermeiden, ist vor allem der richtige Rhythmus wichtig. Also: Konzentration, Schultern zurück und die Beine wie ein Boxer fest am Boden!

120

SHAKE IT, BABY

Es gibt ein paar Grundschritte, die man beim Shaken befolgen sollte, so sind die Bewegungsabläufe flüssig, was dafür sorgt, dass die Zutaten dort bleiben, wo sie hingehören – und nicht in den Gesichtern Ihrer Gäste landen!

•➔ **SCHRITT 1** Zuerst Säfte und Sirupe in das Mixglas (bzw. den kleineren Metallbecher) geben, anschließend die Spirituosen. Falls Sie sich mit den Mengen vertun, können Sie so einfach wieder von vorne anfangen – ohne wertvollen Alkohol zu verschwenden!

•➔ **SCHRITT 2** Erst wenn alle flüssigen Zutaten im Glas sind, mit Eiswürfeln auffüllen. So bildet sich im Shaker kein Schmelzwasser und Sie können sich beim Abmessen der Zutaten alle Zeit der Welt lassen.

•➔ **SCHRITT 3** Den größeren Metallbecher auf das Mixglas setzen und ihm von oben mit dem Handballen einen kleinen Schlag versetzen, damit er richtig festsitzt. Sie können die Zutaten auch in den größeren Becher geben, so können Sie mehrere Drinks auf einmal zubereiten – dann einfach das kleine Mixglas in den größeren Becher geben und festklopfen. Die Becher sollten fest aufeinandersitzen, damit sichergestellt ist, dass die Gäste in der ersten Reihe nicht nass werden!

•➔ **SCHRITT 4** Den großen Metallbecher mit beiden Händen fest umschließen und das Mixglas mit den Daumen sichern. Das kleine Mixglas zeigt beim Shaken immer zum Körper, sollte der Shaker aufgehen, merken das so nur Sie – das Glas einfach nochmal festklopfen und weitershaken.

•➔ **SCHRITT 5** Den Cocktail etwa 10 Sekunden kräftig shaken – Sie werden spüren, wie der Shaker (und mit ihm der Cocktail) immer kälter wird. Und wie bekommt man den Shaker wieder auf? Siehe Nr. 117!

121 DEN RICHTIGEN HERB-FRUCHTIGEN DRINK WÄHLEN

Urlaubsreif?
Probieren Sie's hiermit!

122

GRUNDREZEPT DAIQUIRI

Von allen Cocktails sind die Sours wahrscheinlich die bekanntesten – wer liebt sie nicht, die Margaritas und Daiquiris! Der Daiquiri ist nach einer Mine in der kubanischen Stadt Santiago de Cuba benannt. Er begann seinen Erfolgszug, als Konteradmiral Lucius W. Johnson das Rezept 1909 dem Army and Navy Club in Washington, D.C. anvertraute. So bereiten Sie den Klassiker zu.

6 cl weißer Rum

1,5 cl Limettensaft

1,5 cl Zuckersirup 1:1

Limettentwist (Nr. 256)

Alle Zutaten außer den Limettentwist in einen Cocktail-Shaker geben, mit Eiswürfeln auffüllen und 8–10 Sekunden shaken. Den Cocktail in ein gekühltes Coupette- oder Martiniglas seihen und den Limettentwist als Garnitur ins Glas geben.

123

HEMINGWAY DAIQUIRI

Das ist die Daiquiri-Variante, die Hemingway bevorzugte – und wie man weiß, konnte er gar nicht genug davon bekommen!

6 cl weißer Rum (Gereifter Rum geht auch, kann aber die Farbe des Cocktails verändern!)

2,2 cl Limettensaft

1,5 cl Grapefruitsaft

1,5 cl Maraschino (Die Säure der Maraska-Kirschen verleihen diesem Likör herrlich erdige Mandelaromen.)

Limettenscheibe

Alle Zutaten bis auf die Limettenscheibe in einen Cocktail-Shaker geben, mit Eiswürfeln auffüllen und 8–10 Sekunden kräftig shaken. Den Cocktail in ein gekühltes Coupette- oder Martiniglas seihen und die Limettenscheibe als Garnitur ins Glas geben.

124

FROZEN DAIQUIRI

Es geht einfach nichts über einen eisgekühlten Frozen Daiquiri. Diese klassische (und köstliche) Variante lässt sich ganz einfach zubereiten: Schmeißen Sie Ihren Standmixer an und legen Sie los!

6 cl weißer Rum (Gereifter Rum geht auch, kann aber die Farbe des Cocktails verändern!)

2,2 cl Limettensaft

3 cl Zuckersirup 1:1

125 g Crushed Ice (oder 4–5 Eiswürfel)

Limettenscheibe

Alle Zutaten bis auf die Limettenscheibe in einen Standmixer geben und cremig mixen. Den Cocktail in ein gekühltes Coupette- oder Martiniglas seihen und die Limettenscheibe als Garnitur ins Glas geben.

125 FRUCHTIGES VERGNÜGEN

Ihnen ist nach einer fruchtigen Sonnenuntergangs-Urlaubs-Variante des Daiquiris? Fruchtlikör gibt dieser Variante einen grandiosen Geschmackskick – vor allem in Kombination mit den passenden gefrorenen Früchten: z. B. Pfirsichlikör mit gefrorenen Pfirsichstücken, Bananenlikör mit … – okay, Sie haben verstanden!

Wenn Ihnen das zu aufwendig ist – Schade, denn es ist den Aufwand wirklich wert! –, geben Sie statt gefrorenen Früchten Triple Sec oder noch einen zusätzlichen Schuss Zuckersirup dazu.

6 cl weißer Rum (Gereifter Rum geht auch, kann aber die Farbe des Cocktails verändern!)

40 g gefrorene Früchte, grob gehackt

3 cl Limettensaft

1,5 cl Fruchtlikör

2,2 cl Zuckersirup 1:1

125 g Crushed Ice (oder 4–5 Eiswürfel)

Limettenscheibe

Alle Zutaten bis auf die Limettenscheibe in einen Standmixer geben und cremig mixen. Den Cocktail in ein gekühltes Coupette- oder Martiniglas seihen und die Limettenscheibe als Garnitur ins Glas geben.

126

AMERIKANISCHE WHISKEYSORTEN

Mit den Schotten und Iren kam der Whiskey im 17. Jahrhundert in die USA. Bis ins späte 17. Jahrhundert wurde ausschließlich Rye Whiskey destilliert, erst als die ersten Siedler die weiten Ebenen von Kentucky und Tennessee erreichten und Mais in Hülle und Fülle anbauten, entstanden die heute bekannten, aus Mais destillierten Whiskeysorten.

BOURBON Meist wird angenommen, der Bourbon wäre nach dem französischen Kanton Bourbon und dem dort ansässigen Adelsgeschlecht, das die frühen Kolonialisten unterstützte, benannt. Wahrscheinlicher ist, dass der Bourbon seinen Namen der berühmten Bourbon Street in New Orleans verdankt: In Kentucky wurde Whiskey in ausgebrannten Fässern gereift, die dem Whiskey einen Cognac-ähnlichen Geschmack gaben, der bei den Einwohner New Orleans beliebt war. Vermutlich fragten immer mehr Leute nach diesem Whiskey, der auf der Bourbon Street verkauft wurde – dem Bourbon Whiskey. Um sich Bourbon nennen zu dürfen muss ein Whiskey folgende Kriterien erfüllen: Er muss in den kontinentalen Vereinigten Staaten hergestellt sein, mindestens 51 % Mais enthalten, mindestens zwei Jahre in neuen ausgebrannten Eichenfässern reifen und er darf nicht mehr als 80 % Alkohol enthalten. Natürlich gibt es dennoch unterschiedlichste Varianten des Bourbons – zum Beispiel im Hinblick auf das Verhältnis Mais zu anderen Getreidesorten wie Roggen oder Weizen.

TENNESSEE Es gibt zwei grundsätzliche Unterschiede zwischen Bourbon und Tennessee Whiskey: Tennessee Whiskey wird nur in Tennessee hergestellt, und er wird vor der Fasslagerung über Holzkohle gefiltert. Es gibt allerdings eine Ausnahme: Prichard's Tennessee Whiskey. Warum? Der Inhaber legte Widerspruch gegen diese Kriterien ein – er wollte nicht zum selben Herstellungsprozess wie Jack Daniel's gezwungen werden.

RYE Die meisten frühen Whiskeybrennereien befanden sich in Maryland und Pennsylvania, wo hauptsächlich das damals dort verbreitete Getreide destilliert wurde: Roggen („Rye"). Mit der Prohibition mussten diese Destillerien allerdings ihr Geschäft aufgeben. Heute wird Rye Whiskey oft in Brennereien, die auch Bourbon produzieren, hergestellt, allerdings mit einem wichtigen Unterschied: Rye muss mindestens 51 % Roggen (und nicht Mais) enthalten. Dieser pikante, manchmal grasige, milde Whiskey ist perfekt für gerührte Drinks wie den Manhattan (Nr. 089) oder den Old Pal (Nr. 061).

127 DER KLASSISCHE WHISKEY SOUR

Dieses einfache Rezept bringt die Aromen und Geschmacksnuancen, die der Whiskey durch die Eichenfasslagerung erhält, besonders gut zum Vorschein. Sie können günstigen Bourbon verwenden, aber ein etwas teurerer Whiskey schmeckt noch besser!

6 cl Bourbon Whiskey
3 cl Zitronensaft
1,5 cl Zuckersirup 1:1
Cocktailkirsche und Orangenscheibe

Alle Zutaten bis auf die Kirsche und die Orangenscheibe in einen Cocktail-Shaker geben, mit Eiswürfeln auffüllen und 8–10 Sekunden kräftig shaken. Den Cocktail in ein gekühltes Coupette- oder Martiniglas seihen, die Kirsche und die Orangenscheibe auf einen Cocktailspieß stecken und diesen als Garnitur auf den Glasrand legen.

128

GIB GUMMI!

Manchmal wird der klassische Whiskey Sour mit einem Eiweiß zubereitet, um dem Cocktail mehr Textur und eine schaumige weiße Krone zu verleihen, aber unbedingt notwendig ist das nicht. Wenn Sie dem Drink etwas mehr Gewicht geben möchten, verwenden Sie Gummi-Arabicum-Sirup (mit Gummi Arabicum gebundener Zuckersirup). Dieser Sirup war während der Prohibition eine beliebte Cocktailzutat, denn er verleiht Whiskey Sour (und jedem anderen Drink) etwas mehr Konsistenz und Geschmeidigkeit.

129 LIEBE ZUR LIMETTE

Ich verwende für meinen Whiskey Sour immer eine Mischung aus Zitronen- und Limettensaft (1 Limette auf 2 Zitronen). Die Limette verleiht dem Drink eine spritzige Note, kommt dabei aber nicht dem Aroma des Whiskeys in die Quere.

130 { DER KLASSISCHE AVIATION }

Dieser von Hugo Ensslin zu Beginn des 20. Jahrhunderts kreierte Cocktail enthält im Original den Veilchenlikör Crème de Violette. Heute wird dieser Drink zwar meist ohne diesen Likör serviert, aber wenn Sie Crème de Violette irgendwo finden, verwenden Sie ihn – er gibt dem Cocktail eine tolle Farbe und ein intensives blumiges Aroma!

6 cl Gin
1,5 cl Zitronensaft
1,5 cl Maraschino
7 ml Crème de Violette (optional)
Cocktailkirsche

Alle Zutaten bis auf die Kirsche in einen Cocktail-Shaker geben, mit Eiswürfeln auffüllen und 8–10 Sekunden kräftig shaken. Den Cocktail in ein gekühltes Coupette- oder Martiniglas seihen und die Kirsche als Garnitur ins Glas geben.

131

LIME JUICE CORDIAL

Sie sind verrückt nach Lime Juice Cordial und würden ihn gerne selbst herstellen? Kein Problem: Alles, was Sie brauchen, ist Zucker, Limetten und Wasser!

125 g Zucker und 125 ml Wasser in einen Topf geben, erhitzen und dann köcheln lassen, bis sich der Zucker aufgelöst hat. Den Topf von der Hitze nehmen, den Abrieb einer Bio-Limette zur Wasser-Zucker-Mischung geben, abdecken und abkühlen lassen. Sobald die Mischung abgekühlt ist, 125 ml Limettensaft dazugeben, gut verrühren und anschließend durch ein feines Sieb in eine Flasche seihen – fertig ist der selbstgemachte Lime Juice Cordial.

Tipp: Für eine sommerlich-spritzige Limonade einfach etwas Lime Juice Cordial mit Mineralwasser aufgießen (1 Teil Cordial und 3 Teile Wasser).

132 EIN BLAUES WUNDER

Wenn Sie gar nicht genug von Crème de Violette bekommen können, ist der Blue Moon genau das Richtige für Sie! Mixen Sie einen Aviation und verwenden Sie anstatt Maraschino Crème de Violette – und erleben Sie ein echtes blaues Wunder!

133

GIMLET

Einige Barkeeper sind davon überzeugt, dass ein echter Gimlet mit Lime Juice Cordial (z. B. Rose's Lime Juice) zubereitet werden muss – denn mit frischem Limettensaft statt Lime Juice Cordial wäre es genau genommen ein Rickey. Limettensaft-anhänger halten dagegen, der Cocktail sei ursprünglich mit Limettensaft zubereitet worden. Machen Sie den Geschmackstest, indem Sie Zuckersirup und Limettensaft durch 2,2 cl Lime Juice Cordial ersetzen!

6 cl Gin

1,5 cl Limettensaft

1,5 cl Zuckersirup 1:1

Limettenscheibe

➜ *Alle Zutaten bis auf die Limettenscheibe in einen Cocktail-Shaker geben, mit Eiswürfeln auffüllen, shaken und in ein gekühltes Coupette- oder Martiniglas seihen. Die Limettenscheibe als Garnitur ins Glas geben.*

134

COSMOPOLITAN

Wie bei so vielen Cocktails sind auch die Ursprünge des Cosmopolitans etwas verschwommen (wie das eben nach ein, zwei Drinks schon einmal passieren kann!). Einigen Quellen zufolge wurde er in den 1970ern in Cleveland – oder South Beach oder Minneapolis – als Variante des Kamikaze (ohne Cranberrysaft) erfunden. Möglicherweise stammt er auch aus dem 1934 erschienen Buch *Pioneers of Mixing at Elite Bars*: Hier findet sich eine Variante, bei der Gin statt Wodka und Himbeersirup statt Cranberrysaft zum Einsatz kommt.

6 cl Wodka

2,2 cl Limettensaft

7 ml Cranberrysaft

1,5 cl Orangenlikör oder Triple Sec

Limettenscheibe

➜ *Alle Zutaten bis auf die Limettenscheibe in einen Cocktail-Shaker geben, mit Eiswürfeln auffüllen und 8–10 Sekunden kräftig shaken. Den Cocktail in ein Coupette- oder Martiniglas seihen und die Limettenscheibe auf den Glasrand stecken.*

135

CRANBERRY-ERSATZ

Statt Cranberrysaft Granatapfel-, Kirsch- oder Apfelsaft verwenden – eine echt gelungene Abwechslung!

136

WODKA-VARIATION

Auch gekaufter oder selbstgemachter Zitronenwodka eignet sich für dieses Rezept – Sie sollten aber immer auch normalen Wodka zur Hand haben, da aromatisierter Wodka ziemlich – für manche zu – intensiv sein kann. Für eine weniger aufdringliche Variante einfach 3 cl Zitronenwodka durch normalen Wodka ersetzen.

137 { LEMON DROP }

Der Lemon Drop wurde irgendwann in den 1970ern von Norman Jay Hobday in seiner Bar Henry Africa's in San Francisco erfunden. Schmeckt auch mit Meyerzitronen!

Zitronenspalte und Zucker

6 cl Wodka (Zitronenwodka oder normaler Wodka)

2,2 cl Zitronensaft

1,5 cl Orangenlikör (oder Triple Sec) oder Zuckersirup 1:1

Zitronentwist (Nr. 256) oder Zitronenscheibe (optional)

Eine dünne Schicht Zucker auf einen flachen Teller streuen. Den Rand eines Coupette- oder Martiniglases mit der Zitronenspalte befeuchten, das Glas kopfüber in den Zucker tauchen und leicht hin und her drehen. Beiseitestellen.

Wodka, Zitronensaft und Orangenlikör in einen Cocktail-Shaker geben, mit Eiswürfeln auffüllen, kräftig shaken und in das vorbereitete Glas seihen. Als Garnitur einen Zitronentwist oder eine Zitronenscheibe ins Glas geben.

138

AROMATISIEREN WIE EIN PROFI

Tinkturen (Nr. 035) sind eine tolle Möglichkeit, um Cocktails vielschichtige Aromen zu verleihen. Kaleena Goldsworthy, Managerin der Flying Squirrel Bar, liebt es, mit Tinkturen kreativ zu werden. Hier zeigt sie uns, wie man diese geschmacksintensiven Wundermittel selbst herstellt – und mehr als wirksam einsetzt!

139 KONTROLLIERT FÜR SCHÄRFE SORGEN

Chili-Tinkturen sind perfekt, um Cocktails kontrolliert einen ordentlichen Schärfekick zu verpassen – am besten mit einer Pipette dosieren! Diese scharfe Chili-Tinktur ist toll für Bloody Marys (Nr. 183), mit ihr lassen sich aber auch Gerichte verfeinern. Tragen Sie bei der Verarbeitung von Chilischoten immer Handschuhe und achten Sie darauf, sich nicht in die Augen (oder andere empfindliche Körperöffnungen) zu fassen.

2 ganze frische rote Chilischoten, z. B. Fresnos, in feine Scheiben geschnitten

½ frische Habanero-Chilischote (mit Kernen)

½ getrocknete Chipotle

12 cl 75 %iger Wodka (oder je 6 cl Everclear und 40 %iger Wodka)

Chilischoten in ein Schraubglas geben und mit Wodka aufgießen, bis die Chilischoten bedeckt sind (Wenn nötig, etwas mehr Wodka dazugeben!). Das Glas an einem kühlen, dunklen Ort etwa eine Woche ziehen lassen, dabei täglich schütteln. Die Tinktur anschließend abseihen und die Chilischoten wegwerfen. Probieren Sie die Tinktur (1 Tropfen auf 3 cl Wasser), um die Schärfe einschätzen zu können – und servieren Sie dann einige verschärfte Drinks!

140 { SPICE INVADER }

Bei diesem pikanten Drink ist der Zitronentwist entscheidend: Er sorgt für frische Zitrusnoten – und dämpft die Schärfe der Chili-Tinktur etwas ab. Der süße, intensive Ingwerlikör passt perfekt zum Tequila und bildet einen Gegensatz zur Säure der Zitrone. Und ganz zum Schluss schmeckt man die Chili-Tinktur, die den erfrischenden Cocktail im Abgang richtig schön scharf macht.

6 Tropfen Chili-Tinktur (Nr. 139)

4,5 weißer Tequila

1,5 cl Ingwerlikör

7 ml Zitronensaft

Zitronentwist (Nr. 256)

6 Tropfen Chili-Tinktur in ein Coupette- oder Martiniglases tropfen und schwenken. Mutige probieren es mit 7 Tropfen! Beiseitestellen.

Tequila, Ingwerlikör und Zitronensaft in einen Cocktail-Shaker geben, mit Eiswürfeln auffüllen und 8–10 Sekunden kräftig shaken. Den Cocktail in das vorbereitete Glas seihen, den Zitronentwist über dem Drink zerdrehen (Das setzt die fruchtigen Zitrusöle frei!) und anschließend als Garnitur ins Glas geben.

141 KALEENAS ULTIMATIVE ORANGEN-TINKTUR

Vier verschiedene Verarbeitungsarten und vier mal voller Orangengeschmack – die vielfältigen Geschmacksnuancen der süßen Zitrusfrucht in einer ultimativen Orangen-Tinktur!

3 unbehandelte Bio-Orangen

15 cl 75 %iger Wodka (oder je 6 cl Everclear und 40 %iger Wodka)

➔ *Mit einem Sparschäler die Schale einer Orange abziehen – achten Sie darauf, dabei so wenig weißes Fruchtfleisch wie möglich zu erwischen! Die Schalen auf ein mit Backpapier ausgelegtes Backblech geben und bei niedriger Temperatur 1–2 Stunden im Ofen trocknen.*

➔ *Die getrockneten Schalenstücke in kleine Stücke brechen und in ein Schraubglas geben. Die Schale einer halben Orange abziehen, in kleine Stücke schneiden und dazugeben. Die andere Hälfte der Orange (mit Schale!) in Stücke schneiden und ebenfalls in das Glas geben.*

➔ *Die Schale einer weiteren halben Orange abziehen, im Ofen trocknen und dann grillen, bis die Ränder leicht verkohlen. Achtung: Die Schalen sollten nicht komplett verbrennen! Die gegrillten Schalen aus dem Ofen nehmen und abkühlen lassen.*

➔ *Die gegrillten Schalen grob hacken, ebenfalls in das Schraubglas geben und alles mit Wodka übergießen. Das Glas an einem kühlen, dunklen Ort etwa drei Wochen ziehen lassen, dabei täglich schütteln. Die Tinktur abseihen und in eine kleine Flasche füllen.*

142 FINAL FOUR

Der Final Four ist ein leichter, nicht zu süßer Drink mit intensiven Orangenaromen – die er der ultimativ orangigen Tinktur verdankt. Vor allem das intensive Aroma der gegrillten Orangenschale sorgt für tiefen, vollen Geschmack.

3,7 cl Wodka

7 ml Kaleenas ultimative Orangen-Tinktur (Nr. 141)

7 ml Dolin Véritable Génépy des Alpes (Kräuter-Wermut)

Mineralwasser

Orangentwist (Nr. 256)

➔ *Wodka, Orangen-Tinktur und Génépy in ein mit Eiswürfeln gefülltes Old-Fashioned-Glas geben und mit Mineralwasser aufgießen. Den Orangentwist über dem Drink zerdrehen und anschließend als Garnitur ins Glas geben.*

USBG | ORTSVERBAND AUSTIN

✦ **PATRICK LUSSIER** ✦

Barkeeper

143

WILLA BROWN

Diese Bourbon-Variante des klassischen Aviation ist nach der aus Kentucky stammenden Fliegerin, Lobbyistin, Lehrerin und Bürgerrechtsaktivistin Willa Beatrice Brown benannt.

4,5 cl Bourbon

2,2 cl Zitronensaft

1,5 cl Maraschino

7 ml Crème de Violette

Limettenscheibe

➔ *Alle Zutaten bis auf die Limettenscheibe in einen Cocktail-Shaker geben, mit Eiswürfeln auffüllen und 8–10 Sekunden kräftig shaken. Den Cocktail in ein Coupette- oder Martiniglas seihen und die Limettenscheibe als Garnitur ins Glas geben.*

USBG | ORTSVERBAND NEW ORLEANS

✦ T. COLE NEWTON ✦

Inhaber/Chef-Barkeeper

Twelve Mile Limit

144

BAUDIN

Der Baudin (Aussprache: *bow-din)* ist nach der Baudin Street in New Orleans (und nicht nach dem Maler, den man außerdem Boudin schreibt) benannt. Diese angenehm scharfe Variante des Whiskey Sours ist der richtige Drink, wenn Sie etwas Neues ausprobieren und trotzdem irgendwie beim klassischen Whiskey bleiben wollen.

4,5 cl Bourbon

1,5 cl Zitronensaft

2,2 cl Honigsirup 2:1

1 Spritzer Tabasco

Zitronentwist (Nr. 256)

➜ Alle Zutaten bis auf den Zitronentwist in einen Cocktail-Shaker geben, mit Eiswürfeln auffüllen und 8–10 Sekunden kräftig shaken. Den Cocktail in ein Old-Fashioned-Glas seihen, einige frische Eiswürfel dazugeben, den Zitronentwist über dem Drink zerdrehen (Das setzt die fruchtigen Zitrusöle frei!) und anschließend als Garnitur ins Glas geben.

USBG | ORTSVERBAND PHILADELPHIA

RYAN SHIPMAN ✦ Barmanager

145 { RIND YOUR OWN BUSINESS }

Dieser Cocktail ist genau das Richtige für alle, die auf der Suche nach einem einfachen fruchtig-frischen Drink sind. Durch die Kombination von Wodka und Gin ergeben sich außerdem dezente Kräuteraromen.

3 cl Gin

3 cl Wodka

2,2 cl Zitronen- und Limettensaft, gemischt

7 ml Zuckersirup 1:1

2 Spritzer Angostura- oder anderer Aromabitter

3 Spritzer Grapefruitbitter

Zitronentwist (Nr. 256)

➜ Alle Zutaten bis auf den Zitronentwist in einen Cocktail-Shaker geben, mit Eiswürfeln auffüllen und 8–10 Sekunden kräftig shaken. Den Cocktail in ein Coupette- oder Martiniglas seihen, den Zitronentwist über dem Drink zerdrehen (Das setzt die fruchtigen Zitrusöle frei!) und anschließend als Garnitur ins Glas geben.

USBG | ORTSVERBAND ST. LOUIS

✦ ANDREW DOLINKY ✦

Barkeeper | Cleveland Heath

146

SHARK GOD OF MOLOKAI

Dieser Cocktail ist nach der hawaiianischen Legende des Haigotts von Molokai benannt. Der Legende nach half der Haigott dem Priester Kamalo, sich am Häuptling des Dorfes, Kupa, für die Ermordung seiner Söhne zu rächen: Der Haigott beschwor einen Sturm herauf, der Kapu ins Meer riss, wo er ihn verschlang. Die ausgefallene Mischung aus fruchtigen und herben Aromen symbolisiert den heftigen Sturm – und die Tropfen Bitter das Blut des Häuptlings.

4,5 cl Bourbon

2,2 cl Swedish Punch

7 ml Absinth

2,2 cl Zitronensaft

3 cl Ananassaft

2 Spritzer Peychaud's Bitters (oder Creole Bitter)

frische Minzeblättchen

➔ *Alle Zutaten bis auf den Bitter und die Minze in einen Cocktail-Shaker geben, mit Eiswürfeln auffüllen und 8–10 Sekunden kräftig shaken. Den Cocktail in ein gekühltes Coupette- oder Martiniglas seihen, einige Tropfen Bitter ins Glas träufeln und ein Minzeblatt (Haiflosse!) als Garnitur ins Glas geben.*

USBG | ORTSVERBAND SAN FRANCISCO

WILLIAM PRESTWOOD ✦ Barkeeper | Pagan Idol

147 { QUARANTINE ORDER }

Inspiriert vom Tiki-Barkeeper Don the Beachcomber experimentierte William Prestwood mit Zimtaromen. Irgendwann entdeckte er die intensiven Zimtaromen des Bitters – und kombinierte sie mit Rum und Passionsfrucht zu einem tropischen Tiki-Drink!

1,5 cl Passionsfruchtsirup

2 ¼ TL Demerara-Zimt-Sirup

4,5 cl Denizen Merchant's Reserve Rum (ein Blend unterschiedlicher Rumsorten aus Jamaika und Martinique)

1,5 cl Hamilton Demerara 86 Rum

3 cl Grapefruitsaft

1,5 cl Limettensaft

7 Spritzer Angosturabitter

Limetten-Kirsch-Fähnchen (Nr. 253)

Minzezweig

➔ *Für den Passionsfruchtsirup 270 ml Passionsfruchtpüree, 3 cl Wasser und 470 g Zucker in einen Topf geben und erhitzen, bis sich der Zucker aufgelöst hat. Für den Demerara-Zimt-Sirup 250 ml Wasser, 1 Zimtstange und 375 g Demerarazucker in einen Topf geben und erhitzen, bis sich der Zucker aufgelöst hat. Beide Sirupe abkühlen lassen.*

➔ *Alle Zutaten bis auf das Limetten-Kirsch-Fähnchen und den Minzezweig in einen Cocktail-Shaker geben, kräftig shaken oder rühren und dann in ein mit Crushed Ice gefülltes Glas gießen. Den Minzezweig mit einem Stößel etwas andrücken und dann mit dem Fähnchen als Garnitur ins Glas geben.*

148

TIKI-STYLE

Bars im Tiki-Style schaffen es, eine ganz besondere Atmosphäre heraufzubeschwören – mit viel Bambus und Tiki-Masken! Eingeleitet wurde die Ära der Tiki-Bars von Don the Beachcomber in den 1930ern mit seiner als Südseeparadies gestylten Bar. Eine besondere Atmosphäre für besondere Cocktails!

USBG | ORTSVERBAND SAN FRANCISCO

✦ **WILLIAM PRESTWOOD** ✦

Voodoopraktiker | Pagan Idol

149

MAI TAI

Der Mai Tai, wie man ihn heute kennt, wurde 1944 von Trader Vic in Oakland, Kalifornien, erfunden – genauso war es, Skeptiker weichet! Der Name kommt vom tahitischen Ausspruch „mai tai roa“, was soviel heißt wie „Nicht von dieser Welt“. Es heißt, einige tahitische Freunde von Trader Vic hätten den Drink in seiner Bar probiert – und das sei ihre Reaktion gewesen!

3 cl Jamaika-Rum (z. B. Appleton Estate 12 Year)

3 cl Denizen Merchant's Reserve Rum

2,2 cl Limettensaft

1,5 cl trockener Curaçao

1,5 cl Orgeat (Mandelsirup)

7 ml Zuckersirup (Wasser und Zucker im Verhältnis $1:1\frac{1}{2}$)

Minzezweig

Limettenscheibe

➜ *Alle Zutaten bis auf die Minze und die Limettenscheibe in einen Cocktail-Shaker geben, mit Eiswürfeln auffüllen und 8–10 Sekunden kräftig shaken. Den Cocktail in ein gekühltes Glas seihen und die Limettenscheibe und den Minzezweig als Garnitur ins Glas geben.*

USBG | ORTSVERBAND SAN FRANCISCO

DANIEL „DOC" PARKS ✦ Beverage Director | Pagan Idol

150 { MAI TAI FLOAT }

Diese Mai-Tai-Version wird im Pagan Idol in San Francisco serviert – sie ist zwar etwas aufwendiger, aber auf jeden Fall einen Versuch wert!

- 7 ml Fassionola Gold
- 4,5 cl Denizen Merchant's Reserve Rum
- 1,5 cl Santa Teresa 1796
- 3 cl Limettensaft
- 2,2 cl Combier (ein gereifter Zitruslikör auf Brandy-Basis)
- 1,5 cl Orgeat (Mandelsirup)
- 1,5 cl House Float (siehe Anmerkung)
- frischer Minzezweig
- Fruchtspieß (zwei Cocktailkirschen und ein Stück Ananas)
- Papierschirmchen

Für den Fassionola Gold 300 g pürierte tropische Früchte und 470 g Zucker in einen Topf geben und erhitzen, bis sich der Zucker aufgelöst hat. Fassionola Gold, Rum, Santa Teresa, Limettensaft, Combier und Orgeat in einen mit Crushed Ice gefüllten Cocktail-Shaker geben, 8–10 Sekunden kräftig shaken und dann in ein großes Old-Fashioned-Glas gießen. Den House Float dazugeben und den Minzezweig, den Fruchtspieß und das Papierschirmchen ins Glas geben.

Anmerkung: Der House Float enthält alles, was nach Meinung der Mitarbeiter des Pagan Idols einfach zusammengehört: Demerara-Rum, Oloroso-Sherry, Créme de Cacao, Amaro, Orangenöl – und je ein Schuss Liebe und Magie!

USBG | ORTSVERBAND SAN FRANCISCO

✦ **DANIEL „DOC" PARKS** ✦

Beverage Director | Pagan Idol

151

JAMAICAN SCORPION BOWL

Der Scorpion ist einer der wenigen Tiki-Cocktails, der tatsächlich aus der Südsee kommt. Diese Abwandlung des Klassikers, die von den Mitarbeitern des Pagan Idols entwickelt wurde, profitiert besonders vom kräftigen Geschmack des Jamaika-Rums. Die hier angegebenen Mengen reichen für (mindestens!) zwei Personen – teilen macht Freu(n)de!

- 4,5 cl hochprozentiger weißer Rum
- 4,5 cl gereifter Jamaika-Rum
- 3 cl VS Cognac
- 12 cl Orangensaft
- 6 cl Zitronensaft
- 4,5 cl Orgeat
- 1 TL Demerara-Zimt-Sirup (Nr. 147)
- Zimtstange, gemahlen
- Gardenienblüte

Alle Zutaten bis auf die Zimtstange und die Blüte in einen mit Crushed Ice gefüllten Standmixer geben und etwa 5 Sekunden mixen. Den Cocktail in eine mit Eiswürfeln gefüllte Scorpion-Schale geben, mit frisch gemahlenem Zimt bestreuen, die Gardenienblüte in die Schale geben und den Drink mit langen Strohhalmen servieren.

152

TOMMY'S MARGARITA

Zahlreiche Margarita-Varianten streiten sich um den Titel der Original-Margarita. Diese Version, die Julio Bermejo vor mehr als 30 Jahren in Tommy's Mexican Restaurant in San Francisco kreierte, ist definitiv ein heißer Anwärter auf den Titel. Der Drink ist schlicht, Limettensaft und Agaven-Sirup heben den Geschmack des Tequilas hervor und durch den unverfälschten Geschmack kommen die unterschiedlichen Nuancen der Agavenspirituose zum Vorschein.

Für eine gute Margarita sollte man unbedingt 100-%-Agaven-Tequila verwenden. Nachdem Bermejo dieses Rezept entwickelt hatte, verbannte er sogar er alle Tequilasorten, die weniger als 100 % Agave enthielten (und meist für schreckliche Kopfschmerzen sorgten), aus seiner Bar. Das führte dazu, dass die Kosten für Margaritas um 300 % stiegen – und laut Bermejo ging die Sache für ihn nur deswegen gut aus, weil er für seine Eltern arbeitete, die ihn nicht feuern konnten! Es mag radikal und verrückt gewesen sein, aber es führte dazu, dass nur erstklassige Drinks serviert wurden!

Eine weitere wichtige Zutat ist der Agaven-Zuckersirup. Bermejo verwendete zunächst Zuckersirup statt Triple Sec, aber als schließlich Agaven-Zuckersirup erhältlich war, musste er nicht lange überlegen.

Ein letzter Tipp für perfekte Margaritas: Pressen Sie die Limetten immer frisch aus, denn, um es mit Bermejos Worten zu sagen: „Frisch ist wie schwanger – entweder es ist so oder eben nicht!"

6 cl 100-%-Agaven-Tequila

3 cl frisch gepresster Limettensaft

3 cl Agaven-Zuckersirup 1:1

Alle Zutaten in einen mit Crushed Ice gefüllten Cocktail-Shaker geben und etwa 8–10 Sekunden kräftig shaken und die Margarita dann in einem großen (Double-) Old-Fashioned-Glas servieren.

153

HOCHLAND- UND FLACHLAND-TEQUILA

Die Herkunft der Agaven für die Tequilaproduktion wird nach ihren Anbaugebieten in Hochland (Highlands) und Flachland (Lowlands) unterschieden. Ungereifter Flachland-Tequila schmeckt erdig, kräftig und intensiv nach Agave. Er wird meist in neuen Fässern gereift, wodurch er im Geschmack Whisk(e)y und Cognac ähnlicher ist und intensiv nach Steinfrüchten duftet. Junge Hochland-Tequilas schmecken pfeffrig und zitronig. Sie werden in neutralen Fässern, in denen zuvor schon andere Spirituosen gelagert wurden, gereift – so entstehen kräftige Zitrus- und Wintergewürzaromen.

➳ Das Problem an dieser einfach Unterscheidung ist, dass fast 70 % aller Agavenpflanzen, die zur Tequilaherstellung verwendet werden, im Hochland wachsen, wodurch eine genaue Abgrenzung schwierig ist. Hinzu kommt, dass auch die Art und Weise der Reifung von Destillerie zu Destillerie unterschiedlich ist: Selbst zwei Tequilas aus derselben Region, die gleich lange, aber in unterschiedlichen Fässern – etwa einem neutralen und einem neuen Fass – gereift sind, unterscheiden sich grundlegend, vor allem im Hinblick auf die Intensität der Eichenaromen. Im Hinblick auf die Qualität gibt es allerdings keine Unterschiede: Keine Variante ist schlechter oder besser, es kommt immer auf den persönliche Geschmack an!

154

MARGARITAS IM MIXER

➳ Wenn Sie einmal die Chance haben, einen Original Tommy's Margarita zu trinken, werden Sie vielleicht etwas verwundert feststellen, dass dieser Drink nicht in einem Boston-Shaker, sondern in einem Standmixer zubereitet wird – aber nein, gemixt wird er nicht!

Das kommt aus der Zeit, als Margaritas noch gemixt und dann direkt in den großen Glaskrügen serviert wurden. Aber da laut Bermejo auch heute eigentlich nie jemand in seine Bar kommt und nur eine Margarita bestellt, werden sie nach wie vor in großen Glaskrügen – in denen sich zwei bis vier Cocktails gleichzeitig zubereiten lassen – serviert.

USBG | ORTSVERBAND SAN FRANCISCO

✦ **ENRIQUE SANCHEZ** ✦

Bar-Chef | Arguello Restaurant

155

PISCO SOUR

Über den Ursprung des Pisco und des Pisco Sour streiten sich Chilenen und Peruaner. Egal, wo der Pisco ursprünglich herkommt, wir bevorzugen diese klassische Version des peruanischen Barkeepers Enrique Sanchez – und nicht die chilenische Version ohne Eiweiß. Sanchez arbeitete zunächst als Barkeeper bei Familienfeiern und legte dann eine echte Barkeeper-Traumkarriere hin: Heute verdient er mehrere tausend Dollar in der Woche in der La-Mar-Niederlassung in San Francisco.

9 cl Pisco aus der Quebranta-Traube

3 cl Zuckersirup 1:1

3 cl Saft von frisch gepressten peruanischen Limetten (oder mexikanischen/echten Limetten)

3 cl Eiweiß (von einem großen Ei)

Angosturabitter

➜ *Alle Zutaten bis auf den Bitter entweder in einen Cocktail-Shaker geben und trocken shaken oder im Standmixer mixen (Nr. 157 und 158). Den Cocktail in ein Old-Fashioned-Glas seihen und die Schaumkrone mit Bitter beträufeln.*

USBG | ORTSVERBAND SAN FRANCISCO

ENRIQUE SANCHEZ ✦ Bar-Chef | Arguello Restaurant

156

MARACUYÁ PISCO SOUR

Die *Maracuyá*, oder Passionsfrucht, ist in Peru weit verbreitet. Ihr säuerlich-fruchtiger Geschmack sorgt für ein unglaublich intensives Aroma, ohne dem blumigen Pisco dabei die Schau zu stehlen.

7,5 cl Pisco aus italienischen Trauben

2,2 cl Passionsfruchtpüree

1,5 cl Limettensaft

3 cl Zuckersirup 1:1

3 cl Eiweiß (von einem großen Ei)

Peychaud's Bitters

➜ *Alle Zutaten bis auf den Bitter entweder in einen Cocktail-Shaker geben und trocken shaken oder im Standmixer mixen (Nr. 157 und 158). Den Cocktail in ein Old-Fashioned-Glas seihen und die Schaumkrone mit Bitter beträufeln.*

USBG | ORTSVERBAND LOS ANGELES

MARCOS TELLO ✦ Bar- & Spirituosen-Berater

157

TROCKEN SHAKEN

Bei Cocktails mit Sahne oder Eiweiß arbeitet man am besten mit dem vom griechischen Barkeeper Aristotelis Papadopoulos entwickelten „Reverse Dry Shake": 1. Trocken, also ohne Eis, shaken, 2. Mit Eis shaken, 3. Wieder trocken shaken. So wird das im Eiweiß enthaltene Protein aufgebrochen, was für Viskosität und eine tolle Schaumkrone sorgt.

➜ *Alle Zutaten in einen Cocktail-Shaker geben und 10 Sekunden trocken shaken. Dann mit Eiswürfeln auffüllen und weitere 10 Sekunden kräftig shaken. Den Drink abseihen und nochmals 10 Sekunden trocken shaken.*

➜ *Wenn Sie einen Sour zubereiten, den fertigen Drink einfach in ein Glas seihen, bei einem Fizz hingegen unbedingt ein feines Teesieb verwenden – so entstehen feine Luftbläschen, die, wenn man das Sodawasser dazugibt, nach oben sprudeln und für eine perfekte Krone sorgen.*

USBG | ORTSVERBAND SAN FRANCISCO

✦ **ENRIQUE SANCHEZ** ✦

Bar-Chef | Arguello Restaurant

158

AB IN DEN MIXER!

Pisco Sour kann man auch in größeren Mengen zubereiten – dazu werden die Zutaten einfach im Standmixer gemixt: Alle Zutaten bis auf den Bitter mit einer Handvoll Eiswürfel in einen Standmixer geben, einige Sekunden mixen und anschließend in Old-Fashioned-Gläser seihen.

BITTERLIKÖR

HEILMITTEL AUS ALKOHOL UND MEDIZINISCHEN KRÄUTERN, WURZELN UND GEWÜRZEN WURDEN BEREITS IM 4. JAHRHUNDERT VOR CHRISTUS ZUBEREITET: HIPPOKRATES WAR DAFÜR BERÜHMT, WEINE UND MEDIZINISCHE HEILKRÄUTER ZU MISCHEN, UM GEIST UND KÖRPER WIEDER IN EINKLANG ZU BRINGEN.

159

SO KAM'S: BITTERLIKÖR

Nach der Entdeckung der Destillation wurden die nach dem Prinzip des hippokratischen Weins destillierten Getränke hauptsächlich als Arzneimittel angesehen.

Und noch heute basieren die Rezepturen der meisten Bitterliköre (*Amaro* auf Italienisch und *Amer* auf Französisch) auf den ursprünglich verwendeten gesunden Bitterrinden, -kräutern und -wurzeln. Fast immer enthalten Bitterliköre Enzianwurzel – früher aufgrund ihrer fiebersenkenden und anderen gesundheitsförderlichen Eigenschaften –, Chinarinde – früher aufgrund der enthaltenen Wirkstoffe gegen Malaria – und Orangenschale als Geschmacksgeber. Kräuter, die typischerweise zum Einsatz kommen, sind Wermutkraut – früher aufgrund seiner antimykotischen Eigenschaften –, Schafgarbe, Rhabarber und sogar Hopfen – sie sorgen für das bittere Geschmacksprofil.

Die heilenden Destillate wurden zunächst von Mönchen hergestellt. Besonders hervorzuheben sind die Kartäusermönche, die für ihren Kartäuserlikör und Aperitifweine wie den *Génépi* bekannt sind: Sie brauten bereits im 17. Jahrhundert in der Region Rhône-Alpes ihre heilenden Elixiere, die angeblich lebensverlängernd wirken sollten – und legten damit den Grundstein für Aperitif- und Digestif-Spirituosen.

Die gesundheitsfördernde Wirkung von Bitterlikören ist zwar nicht erwiesen, ihre positive soziale Wirkung dafür umso mehr: Betrachten Sie doch einfach die zufriedenen Gesichter Ihrer Gäste!

160

DER SIEGESZUG DES FERNETS

Geschichte

Während der Prohibition war es in den Vereinigten Staaten erlaubt, Fernet als Heilmittel zu verkaufen. Es heißt, die Vertreter des Amts für Alkohol, Tabak und Schusswaffen hätten den Geschmack des Fernets so abstoßend gefunden, dass sie sich nicht vorstellen konnten, jemand würde ihn freiwillig trinken, und ihn daher zum Verkauf freigaben. Der bittere, würzig-minzige Geschmack des Likörs ist etwas gewöhnungsbedürftig, aber wenn erst einmal auf den Geschmack gekommen ist, kann man gar nicht mehr genug bekommen!

161

BITTERLIKÖRGRÖSSEN

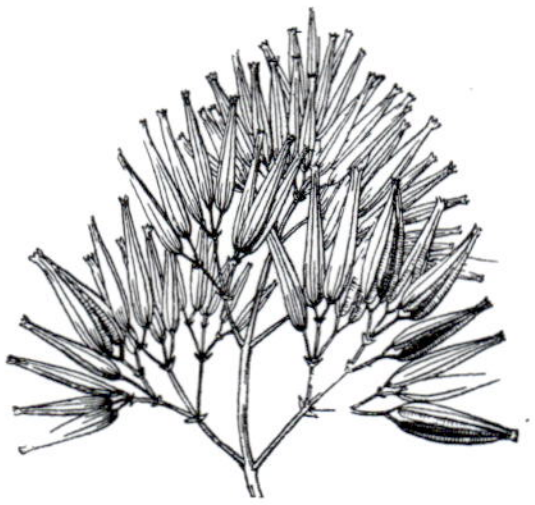

➳ Eine der frühesten Varianten des modernen Bitterlikörs wurde Mitte des 19. Jahrhunderts von Gaëtan Picon entwickelt, der damals in Algerien in der französischen Armee diente. Viele seiner Kameraden litten an übertragbaren Krankheiten und Malaria, deshalb begann Picon mit Orangenschale, Enzianwurzel und Chinarinde zu experimentieren, um ihre Leiden zu lindern. Er war so erfolgreich, dass er die Herstellung dieses Getränks nach seiner Heimkehr zu seinem Beruf machte: So entstand der Amer Picon, einer der ersten französischen Bitterliköre.

Zur gleichen Zeit tüftelte Gaspare Campari in Mailand an seiner eigenen Version: einem kräftigen roten Gemisch aus Chinarinde, Kräutern und Zitrusfrüchten, das Italien im Sturm erobern sollte. Der charakteristisch leuchtend rote Campari erfreute sich schnell auch in anderen Ländern an Beliebtheit, und die Erfindung des Americanos und des Negronis unterstützten diese Entwicklung.

Ebenfalls in Mailand destillierte Bernardino Branca den Fernet Branca. Basierend auf einem Rezept, das er von einem schwedischen Arzt bekommen hat, enthält dieser Digestif mehr als 40 Zutaten, darunter Saffran, Kaffee, Rhabarber, Minze, Aloe Vera und Wacholder.

Nach dem Erfolg dieser Bitterliköre wurden schließlich regionale Varianten destilliert – und so entstanden die modernen Liköre (bei denen es mehr um den Geschmack als die Gesundheit geht!). Heute sind Hersteller von Bitterlikören immer auf der Suche nach neuen kreativen Möglichkeiten, um die Balance von Bitterkeit und fruchtiger Frische zu perfektionieren.

162 SÜSSE MEDIZIN

Der Herstellungsprozess des Bitterlikörs variiert zwar je nach Hersteller, aber meist kommen heiße oder kalte Infusionen, Destillation und unterschiedliche Pflanzenextrakte zum Einsatz. Auch der Alkoholgehalt und die Farbe sind je nach Hersteller unterschiedlich. Was aber immer enthalten ist, ist Zucker oder ein anderes Süßungsmittel – denn mit 'nem Löffelchen voll Zucker schluckt man jede Medizin!

163

VOM ANFANG BIS ZUM (BITTEREN) ENDE

Grundsätzlich werden zwei Arten von Bitterlikören unterschieden: die, die man vor, und die, die man nach dem Essen zu sich nimmt. Die enthaltenen Kräuter haben dabei unterschiedliche Auswirkungen auf den Verdauungsapparat: Sie wirken entweder appetitanregend oder verdauungsfördernd.

APERITIVO/APERITIF Aperitifliköre sind meist hell und zart in der Farbgebung. Sie werden oft mit Mineralwasser, Wein oder beidem gemischt, wie beim Spritz (Nr. 068), und vor dem Essen serviert. Dazu werden kleine Snacks wie Oliven, Nüsse oder sogar Chips gereicht.

DIGESTIVO/DIGESTIF Digestifliköre sind süßer und kräftiger im Geschmack. Sie werden nach dem Essen pur getrunken und wirken verdauungsfördernd.

COCKTAIL-BITTER Cocktail-Bitter sind konzentrierte Versionen von Bitterlikören, die grundsätzlich ungesüßt oder mit nur wenig Zucker versetzt sind. Sie werden nicht pur getrunken, aber sie sind trotzdem nahe Verwandte der Digestifliköre. Viele Cocktail-Bitter-Hersteller produzieren mittlerweile sogar auch Bitterliköre – und diese basieren oft auf den Rezepturen ihrer Cocktail-Bitter.

164 DEN RICHTIGEN (SOMMER-) PARTY-DRINK WÄHLEN

Genießen Sie das warme Wetter – diese Cocktails sind die perfekten Begleiter!

ICH GEBE EINE GARTENPARTY.

Wann geht's los?

NACHMITTAGS

- GIN TONIC (NR. 171)
- MOJITO (NR. 165)
- PALOMA (NR. 171)
- MINT JULEP (NR. 176)
- MOSCOW MULE (WODKA BUCK) (NR. 169)
- LONELY ISLAND (NR. 179)

MITTAGS

- PARKER HOUSE (NR. 174)
- DST (NR. 180)
- BRANDY LIFT (NR. 181)
- BLOODY MARY (NR. 183)
- MICHELADA (NR. 182)

JEDERZEIT

- PIMM'S CUP (NR. 171)
- SANGRIA (NR. 177)
- BLACK FRIAR TEA (NR. 175)

DAS PARTYMOTTO LAUTET „PACK DIE BADEHOSE EIN"!

Können Ihre Gäste schwimmen?

Es gibt einen Rettungsschwimmer!

- CUBA LIBRE (NR. 171)
- WHISKEY COLA (NR. 171)
- WHISKEY HIGHBALL (NR. 171)

Wahrscheinlich schon, aber Schwimmen steht nicht im Vordergrund!

- LONG ISLAND ICED TEA (NR. 179)
- SEX ON THE BEACH (NR. 186)

Nicht vergessen: Nach dem Essen mindestens eine Stunde warten, und erst dann ab ins kühle Nass!

Ok, ok! Ist ja gut.

165

MOJITO

Die genaue Herkunft des Mojitos ist zwar nicht bekannt, dass er aus Kuba kommt, ist aber unbestritten. Einige vermuten, dass Francis Drake einen dem Mojito ähnlichen Drink im 16. Jahrhundert kreierte, andere behaupten, dass im 19. Jahrhundert Sklaven auf kubanischen Zuckerrohrplantagen diesen Drink als Erste mixten. Aber alle sind sich einig: An einem heißen Tag gibt es nichts besseres, als einen kalten Mojito!

15 Minzeblättchen

2,2 cl Limettensaft

2,2 cl Zuckersirup 1:1

6 cl leichter Rum

3 cl Mineralwasser

Minzezweig und Limettenscheibe

→ *Minze, Limettensaft und Zuckersirup in ein Rührglas geben und mit einem Stößel zerdrücken, um die ätherischen Öle der Minze freizusetzen.*

→ *Das Rührglas mit Eiswürfeln auffüllen, Rum und Mineralwasser dazugeben und umrühren. Den Cocktail in ein Collinsglas gießen und den Minzezweig und die Limettenscheibe als Garnitur ins Glas geben.*

166 DIE KUNST DES MUDDELNS

Zutaten zu muddeln, also zu zerstoßen – sieht so einfach aus: Zutaten ins Glas und sich so richtig austoben. Aber eigentlich geht es darum, die Frische von Zutaten direkt in den Cocktail zu bringen, ohne dass er bitter wird, was auch passiert, wenn man es richtig macht. David Nepove hat uns seine Tipps verraten:

DER RICHTIGE MUDDLER/STÖSSEL Beschichtete bunte Stößel sind ein echtes No-go, und bei schmalen Modellen schubst man die Zutaten nur im Glas umher – verwenden Sie am besten einen unbehandelten Holzmuddler mit breitem Ende.

VORSICHT ZERBRECHLICH Zum Muddeln von Zutaten am besten einen Metallbecher oder ein Mixglas aus gehärtetem Glas verwenden. Nicht jedes Glas ist stabil genug, es können kleine Glassplitter herausbrechen, die man auf keinen Fall im Mund haben will – im Zweifelsfall lieber einen Metallbecher verwenden!

167 DAS 1 X 1 DES MUDDELNS

Beim Muddeln muss man schon etwas Kraft aufwenden, aber man sollte es auch nicht übertreiben: Mit leichtem Druck lassen sich Minzeblättchen oder Beeren mit etwa 3–5 Stößen zerkleinern, für Zutaten wie Gurken, Jalapeños oder Zitrusfrüchte sollten 5–10 kräftige Stöße reichen. Die richtige Dosis macht es aus: Muddelt man die Zutaten zu lange, wird der Cocktail bitter (oder es ist einfach Zeitverschwendung), werden die Zutaten zu wenig zerkleinert, kann man es eigentlich gleich sein lassen.

SCHRITT 1 Die Zutaten, die zerkleinert werden sollen, je nach Rezept mit Zucker oder Sirup, in einen Metallbecher oder ein Rührglas aus gehärtetem Glas geben.

SCHRITT 2 Die Zutaten mit einem Stößel mit kräftigen Druck- und Drehbewegung zerdrücken.

SCHRITT 3 Sollen für einen Cocktail verschiedene Zutaten wie Kräuter oder Früchte zerkleinert werden, arbeitet man am besten in Portionen: Zuerst die robusteren Zutaten ins Glas geben und zerstoßen, dann nach und nach die anderen Zutaten und zum Schluss besonders delikate Zutaten wie Kräuter zerkleinern.

168 BUCKS & MULES

Es gibt eine ganze Bandbreite an Cocktails, die mit Ginger Beer oder Ginger Ale zubereitet werden. Die bekanntesten, die mittlerweile auch in zahlreichen Bars serviert werden, sind Bucks und Mules. Sowohl Bucks als auch Mules bestehen aus Ginger Beer oder Ginger Ale, einer Spirituose und Zitrussaft – der Unterschied: Die Bezeichnung Buck gibt es schon länger, der Mule ist eine eher jüngere Marketingerfindung. Am bekanntesten ist der mit Wodka zubereitete Moscow Mule, aber auch andere Spirituosen eigenen sich – Rum zum Beispiel ist eine besonders gute Wahl!

169

MOSCOW MULE (ODER WODKA BUCK)

Der Moscow Mule wurde in den 1940ern erfunden – er ist eigentlich das Ergebnis einer Werbeaktion mit dem Ziel, den Verkauf von Wodka anzukurbeln. Der in einem Kupferbecher servierte, spritzige Cocktail aus Ginger Beer, Limette und Wodka erfreut sich heute neuer Beliebtheit.

6 cl Wodka (oder eine andere Spirituose)

21 cl Ginger Beer oder 4,5 cl selbstgemachter Ingwersirup (Nr. 170) gemischt mit 16 cl Sodawasser

0,5 cl Limettensaft

3 Limettenscheiben

Wodka und Ginger Beer in ein Collinsglas oder einen Kupferbecher geben und mit Eiswürfeln auffüllen. Den Limettensaft dazugeben, einmal umrühren und mit Limettenscheiben garniert servieren.

170

SELBSTGEMACHTES GINGER BEER

Statt Ginger Beer kann man für Bucks und Mules sicher auch einfach Ginger Ale verwenden? Bitte nicht! Ginger Beer schmeckt genau richtig intensiv nach Ingwer – was bei Bucks und Mules wichtig ist, da sie ansonsten verwässert schmecken. Ginger Beer ist mittlerweile in vielen Supermärkten zu finden, zum Glück ist es aber auch ganz einfach, selbst Ginger Beer herzustellen. Der Vorteil: Man kann es so an den eigenen Geschmack anpassen (Denn nicht alle sind sich einig, dass mehr Ingwer immer besser ist!).
Das brauchen Sie: 250 g Zucker, 125 ml Wasser, 90 g frischen Ingwer (ein großzügiges daumengroßes Stück) und eine kräftige Prise Salz.

SCHRITT 1 Den Ingwer sorgfältig waschen und dann fein reiben. Wenn Sie eine Kastenreibe verwenden, nehmen Sie die feinste Reibefläche.

SCHRITT 2 Den geriebenen Ingwer in ein feines Sieb geben und über einem Schraubglas ausdrücken – verwenden Sie die Hände oder einen Spatel, um möglichst viel Flüssigkeit auszupressen. Den Saft in den Kühlschrank geben, den ausgedrückten Ingwer aufbewahren.

SCHRITT 3 Zucker und Wasser in einem kleinen Topf bei mittlerer Hitze unter Rühren einmal aufkochen lassen, auf niedrige Temperatur zurückschalten, den ausgedrückten Ingwer und das Salz dazugeben und etwa 5 Minuten köcheln lassen. Den Topf vom Herd nehmen, abdecken und den Ingwer-Zucker-Sirup abkühlen lassen.

Schritt 4 Den abgekühlten Sirup durch ein feines Sieb in das Schraubglas mit dem Ingwersaft seihen, dabei den Ingwer wieder gut ausdrücken. Den Deckel schließen und das Glas kräftig schütteln, bis Saft und Sirup gut vermischt sind.
Tipp: Für selbstgemachte Ingwerlimonade einen Teil Ingwersirup mit vier Teilen Mineralwasser aufgießen!

171 { **MISCHEN MIT PLAN** } MISCH GETRÄNKE

Spirituose + Filler (Limonade oder Wasser) = unzählige Longdrink-Varianten – da ist für jeden etwas dabei!

DRINK	SPIRITUOSE	FILLER	ANMERKUNG
Cuba Libre	weißer oder brauner Rum	Cola	Eine Limettenspalte über dem Cocktail zerdrücken und anschließend ins Glas geben.
Whisk(e)y Cola	Whisk(e)y	Cola	Einfach: Dieser Klassiker kommt ohne Garnitur aus. Die Stärke des Drinks kann durch die Menge an Cola variiert werden.
Pimm's Cup	Pimm's No. 1	Zitronenlimonade oder Ginger Beer	Mit Gurkenscheiben, Minze und in Stücke geschnittenen Früchten – und allem, was sonst nicht auf einer heißen Gartenparty fehlen darf – servieren.
Paloma	Tequila	Grapefruit-limonade	Eine Prise Salz dazugeben und eine Limettenspalte über dem Cocktail zerdrücken.
Gin Tonic	Gin	Tonic Water	Das ist einfach: Eine Limettenspalte über dem Cocktail zerdrücken und ins Glas geben.
Wodka Soda	Wodka	Sodawasser	Wie oben. Machen Sie nicht den Fehler, zu denken, dieser Drink sei kalorienarm, sogar ein Glas Wein hat weniger Kalorien! Probieren Sie einen Mocktail (Nr. 231), wenn Sie eine kalorienarme Variante brauchen.
Whisk(e)y Highball	japanischer Blended Whisky	Sodawasser	Dieser Drink funktioniert mit allen Whisk(e)y-sorten, aber japanischer Whisky schmeckt mit etwas Wasser besonders gut. Dafür gibt es in Japan sogar eine eigene Bezeichnung: *mizuwari* – mit Wasser gemischt!

172

EINFACHER GEHT'S NICHT

Der Longdrink ist wohl der einfachste aller Drinks (und genau genommen kein Cocktail, denn dafür müssten zwei Spirituosen zum Einsatz kommen!): eine Spirituose wird mit Limonade oder Mineralwasser (Filler) aufgegossen. Das Mischverhältnis Spirituose-Filler 1:2 ist ein guter Anhaltspunkt – aber variieren Sie ruhig: An heißen Tagen darf es ruhig etwas mehr Filler sein (1:3), so wird der Drink erfrischender, ohne zu verwässern. Und Gin Tonics vertragen grundsätzlich etwas mehr Tonic Water.

6 cl Spirituose nach Wahl

12 cl Filler nach Wahl

Die Spirituose in ein mit Eiswürfeln gefülltes Collins- oder Highballglas geben und mit dem gewünschten Filler aufgießen. Einen Strohhalm ins Glas geben, einmal kräftig umrühren und den Drink mit einer passenden Garnitur servieren.

USBG | ORTSVERBAND DENVER

✦ MATT COWAN ✦

Cocktail Curator | La Cour Denver's Art Bar

173

CHERRY BLOSSOM

Diese Longdrinkversion mit japanischem Whisky, etwas Essig und Zitronensaft für die Säure, Kirschlikör für die Süße und einer Kirschblüte für's Auge ist perfekt, um auf den Frühling anzustoßen!

4,5 cl japanischer Blended Whisky (bevorzugt Hibiki oder Iwai)

2,2 cl Zitronensaft

3 cl Zuckersirup 1:1

1,5 cl Kirschlikör

7 ml Himbeeressig

Sodawasser

pinke essbare Blüte oder auf einen Cocktailspieß aufgesteckte Cocktailkirschen

➜ *Whisky, Zitronensaft, Zuckersirup, Kirschlikör und Himbeeressig in einen Cocktail-Shaker geben, mit Eiswürfeln auffüllen und 8–10 Sekunden kräftig shaken. Den Cocktail in ein Collins- oder Highballglas seihen, mit Sodawasser aufgießen und vorsichtig umrühren. Die essbare Blüte oder den Kirschspieß als Garnitur ins Glas geben.*

USBG | ORTSVERBAND SAN FRANCISCO

H. JOSEPH EHRMANN ✦ Inhaber/Betreiber | Elixir Saloon

174 { PARKER HOUSE COCKTAIL }

Der Parker House Cocktail ist eine erfrischende Mischung aus einem French 75 und einem Boothby. Normalerweise würde man einen Cocktail wie diesen rühren, um eine seidige Textur zu erhalten, hier wird er geshaked – weil das schneller geht und weil der spritzige Wein von Natur aus für Textur sorgt.

3 cl Rye Whiskey (bevorzugt Rittenhouse 100)

3 cl Cognac

3 cl roter Wermut (bevorzugt Antica Formula)

2 Spritzer Pimentbitter (bevorzugt Dale Degroff's)

halbtrockener Gewürztraminer

➜ *Rye Whiskey, Cognac, Wermut und Pimentbitter in einen Cocktail-Shaker geben, mit Eiswürfeln auffüllen und 8–10 Sekunden kräftig schütteln. Den Cocktail in ein Collins- oder Highballglas seihen, eine Handvoll frische Eiswürfel dazugeben, mit Gerwürztraminer aufgießen und vorsichtig verrühren.*

USBG | ORTSVERBAND INDIANAPOLIS

✦ JASON FOUST ✦

Vizepräsident USBG Mittlerer Westen

176

MINT JULEP

Diese Variante des klassischen Mint Juleps ist herrlich erfrischend, denn die Schärfe des Whiskeys wird durch einen Hauch Limettensaft abgeschwächt. Das Minzaroma ist besonders wichtig für diesen Cocktail, achten Sie also darauf, dass die Minze wirklich frisch ist. Und damit Sie auch beim Trinken eine gute Figur machen: Der Julepbecher sollte unten gehalten werden, damit er schön kalt bleibt.

4–6 Minzeblättchen

3 cl Demerara-Zuckersirup 1:1

6 cl Bourbon Whiskey

7 ml Limettensaft

Minzezweig

•➔ *Einen Julepbecher (oder ein Old-Fashioned-Glas) großzügig mit Chrused Ice füllen und kaltstellen. Minze und Zuckersirup in einen Cocktail-Shaker geben und mit einem Stößel zerdrücken, um die ätherischen Öle der Minze freizusetzen. Bourbon und Limettensaft dazugeben, mit Eiswürfeln auffüllen und sanft shaken, bis alles gut vermischt ist. Den Cocktail in den vorbereiteten Julepbecher gießen und einen frischen Minzezweig als Garnitur dazugeben.*

USBG | ORTSVERBAND TAMPA

JULIAN MILLER ✦ Barkeeper in Residence | Partender

175

BLACK FRIAR TEA

Der Black Friar Tea ist eine Version des Pimm's Cup mit extra Ginkick. Der Name ist eine Hommage an den Orden der „schwarzen Brüder", die den Plymouth Gin seit mehr als zwei Jahrhunderten destillieren. Obwohl er relativ viel Gin enthält, ist dieser Cocktail leicht und erfrischend.

6 cl Plymouth Gin

4 cl Pimm's No. 1

2 cl Aperitiflikör

9 cl Ginger Beer (siehe Nr. 170 für selbstgemachtes Ginger Beer)

je eine Zitronen- und Limettenscheibe

•➔ *Gin, Pimm's und Aperitiflikör in ein mit Eiswürfeln gefülltes Collins- oder Highballglas geben, mit Ginger Beer auffüllen, einmal umrühren, je eine Zitronen- und eine Limettenscheibe als Garnitur ins Glas geben und den Cocktail mit einem Strohhalm servieren.*

177 { SANGRIA FOR ONE }

Man muss nicht gleich einen ganzen Eimer voll Sangria zubereiten – dieses Rezept ist perfekt für ein oder zwei Gläser des erfrischenden Sommerdrinks an einem freien Nachmittag! Ohne Früchte wäre es keine Sangria, also rein mit was auch immer gerade Saison hat: Zitronen, Orangen, Erdbeeren, Pfirsiche, Äpfel – der Fantasie sind keine Grenzen gesetzt!

- 9 cl Rotwein (muss nicht teuer sein!)
- 4,5 cl Orangenlikör (oder 1,5 cl Zuckersirup 2:1 für eine weniger starke Variante)
- 1,5 cl Fruchtlikör (Beerenlikör schmeckt toll!)
- 1,5 cl Zitronensaft
- 3 cl Fruchtsaft (z. B. Orangensaft)
- 3 cl Sodawasser
- frische Früchte (in Stücke geschnitten)

→ *Rotwein, Orangenlikör, Fruchtlikör und Zitronensaft in einen Cocktail-Shaker geben, mit Eiswürfeln auffüllen und 8–10 Sekunden kräftig shaken. Den Sangria in ein Longdrinkglas seihen, mit frischen Eiswürfeln auffüllen, mit Sodawasser aufgießen und vorsichtig umrühren. Zum Schluss die frischen Früchte dazugeben.*

178

WEISSE SANGRIA

Weiße Sangria ist eine einfache und leckere Alternative zum roten Klassiker – es bedarf nur einiger kleiner Anpassungen: 12 cl Weißwein statt dem Rotwein und Pfirsich- oder Aprikosenlikör statt dem Beerenlikör verwenden!

USBG | ORTSVERBAND INDIANAPOLIS

✦ JASON FOUST ✦

Vizepräsident USBG Mittlerer Westen

179

LONELY ISLAND

Mit diesem Cocktail können auch Mezcal-Neulinge diese herbe Spirituose genießen: Kokos nimmt dem rauchigen Aroma die Schärfe und die Jalapeño sorgt für einen fruchtig-scharfen Geschmackskick.

- 4,5 cl Mezcal (bevorzugt Del Maguey VIDA)
- 1,5 cl mit Jalapeños aromatisierter Zuckersirup 1:1
- 1,5 cl Coco-Reàl-Sirup
- 1,5 cl Limettensaft
- 2 Spritzer Bittercube Jamaican #1 Bitter
- eine Jalapeñoscheibe

→ *Alle Zutaten bis auf die Jalapeñoscheibe in einen Cocktail-Shaker geben, mit Eiswürfeln auffüllen und 8–10 Sekunden shaken. Den Cocktail in ein Collins- oder Highballglas seihen und frische Eiswürfel und die Jalapeñoscheibe als Garnitur ins Glas geben.*

USBG | ORTSVERBAND INDIANAPOLIS

✦ JASON FOUST ✦

Vizepräsident USBG Mittlerer Westen

180

DST

Eigentlich kommen nur beim Radler Bier und Limonade oder Mineralwasser zusammen ins Glas – der DST ist eine Cocktail-Version des Biergartenklassikers mit säuerlich-zitronigen Aromen und fruchtigem Unterton. Gin und India Pale Ale sorgen für Frische, Maraschino und Orangenkonfitüre bringen Tiefe und Ausgewogenheit. Und der Name? DST steht für „daylight saving time" oder einfach Sommerzeit – und so schmeckt er auch!

4,5 cl Gin (bevorzugt Fords)

2,2 cl Maraschino

1,5 cl Zitronensaft

2 TL süße Orangenkonfitüre

2 Spritzer Orangenbitter

eine Flasche India Pale Ale (IPA) – je zitroniger, desto besser!

Zitronenscheibe

•➔ *Gin, Maraschino, Zitronensaft, Orangenbitter und -konfitüre in einen Cocktail-Shaker geben, mit Eiswürfeln auffüllen und 8–10 Sekunden kräftig shaken. Den Drink doppelt in ein großes Becherglas oder ein Bierglas seihen, das Bier hinzugeben, vorsichtig umrühren und die Zitronenscheibe auf den Glasrand stecken.*

USBG | ORTSVERBAND SAN FRANCISCO

✦ JENNIFER COLLIAU ✦

Inhaberin Small Hand Foods

181

BRANDY LIFT

Der Brandy Lift ist aus Liebe zum New Yorker Egg Cream entstanden, zugleich ist er der Versuch, Cognac und Bénédictine mit einem der tollen Cocktail-Sirupe, die Jennifer Colliau kreiert, zu kombinieren. Gießt man den Drink mit Mineralwasser auf, hebt er sich leicht über den Glasrand – daher auch der Name.

4,5 cl Cognac oder hochwertiger Brandy

1,5 cl Orgeat (bevorzugt von Small Hand Foods)

1,5 cl Bénédictine

1,5 cl Sahne

Mineralwasser zum Aufgießen

Brandy, Orgeat, Bénédictine und Sahne in einen Cocktail-Shaker geben, mit Eiswürfeln auffüllen und 8–10 Sekunden kräftig shaken. Den Cocktail in ein gekühltes Collins- oder Highballglas seihen und mit frischen Eiswürfeln auffüllen. Den Drink mit einem Barlöffel kräftig umrühren und gleichzeitig mit Mineralwasser aufgießen. 1–2 Minuten warten, bis sich die Krone festigt, dann noch etwas Mineralwasser nachschenken. Einen Strohhalm ins Glas geben und servieren.

182 MICHELADA

Es gibt zahlreiche Abwandlung der klassischen Bloody Mary – von einfachen Kombinationen mit Limette, Salz und Bier bis hin zu ausgeklügelteren Varianten. Auch der Michelada ist eine Bloody-Mary-Version – dieser etwas leichtere Drink ist genau der richtige Start für einen Brunch mit Freunden!

Salz oder Tajín und eine Limettenspalte

9 cl Tomatensaft (oder Clamato)

6 cl Limettensaft

4 Spritzer Maggi (oder Sojasauce)

3 Spritzer scharfe Chili-Sauce (Mexikanische Chili-Sauce, Tabasco oder Crystal – und sogar Sriracha-Sauce – sind geeignet), oder mehr, wenn Sie es scharf mögen

1 ordentliche Prise Salz

350 ml mexikanisches Bier oder Lager, eisgekühlt

Eine dünne Schicht Salz (oder Tajín, ein mexikanischer Chili-Salz-Mix) auf einen flachen Teller streuen, den Rand eines großen Becherglases mit der Limettenspalte befeuchten, das Glas kopfüber in das Salz tauchen und leicht hin und her drehen.

Das Glas mit Eiswürfeln auffüllen, dann Tomaten- und Limettensaft, Maggi, Chili-Sauce und Salz dazugeben, umrühren und mit Bier bis zwei fingerbreit unter den Rand aufgießen.

183

BLOODY MARY

Irgendwie ist die Bloody Mary die Pizza unter den Cocktails: Die Toppings und Garnituren sind wichtiger als das Basisgetränk. Mit diesem Rezept gelingt die Basis auf jeden Fall – womit Sie Ihre Bloody Mary servieren, ist dann ganz Ihnen überlassen!

6 cl Wodka oder weißer Tequila

12 cl Tomatensaft

3 cl Zitronensaft

½ TL frischer Meerrettich, gerieben

2–3 Spritzer Worcestersauce

Tabasco nach Geschmack

1 Prise Selleriesalz

1 Prise frisch gemahlener schwarzer Pfeffer

eingelegtes Gemüse

Alle Zutaten bis auf das eingelegte Gemüse in einen Cocktail-Shaker geben und vorsichtig hin und her bewegen, bis alles gut vermischt ist. Den Cocktail in ein großes mit Eiswürfeln gefülltes Becherglas seihen und das eingelegte Gemüse dazugeben.

Anmerkung: Wenn Sie zum Brunch eingeladen haben und noch viel vorzubereiten haben, machen Sie die Bloody-Mary-Basis einfach schon am Tag zuvor: Einfach alle Zutaten außer dem Wodka verrühren und über Nacht stehen lassen. Wie Suppe, die am nächsten Tag besser schmeckt, verbinden sich auch hier so die Aromen noch besser – für einen besonders harmonischen Drink!

184

LONG ISLAND ICED TEA

Wenn man einen Cocktail trinkt, sollte man sich wie im Urlaub fühlen – wie bei einem Strandspaziergang: innehalten und genießen. Einige Cocktails sind aber weniger ein gemütlicher Spaziergang, sondern vielmehr ein Fallschirmsprung in einen lavaspuckenden Vulkan: kräftige Drinks, die einen echt umhauen können – wie der Long Island Iced Tea. Trotz der Vielzahl an verschiedenen Zutaten schmeckt dieser Klassiker einfach köstlich und gehört ins Standardrepertoire jedes Barkeepers – früher oder später wird auch einer Ihrer Gäste ihn mit Sicherheit bestellen!

1,5 cl Wodka

1,5 cl Tequila

1,5 cl weißer Rum

1,5 cl Gin

1,5 cl Triple Sec

1,5 cl Zitronensaft

1,5 cl Zuckersirup 1:1

Cola zum Aufgießen

Zitronenspalte oder -twist (Nr. 256)

➔ *Alle Zutaten bis auf die Cola und die Zitronenspalte in ein mit Eiswürfeln gefülltes Collinsglas geben, mit einem Schuss Cola aufgießen und die Zitronenspalte als Garnitur ins Glas geben.*

185 { REZEPT-ROULETTE }

Den Long Island Iced Tea gibt es in unglaublich vielen Varianten und die Vielseitigkeit dieses Cocktails ermöglicht es Barkeepern – und jetzt auch Ihnen –, immer wieder neue Versionen zu kreieren. Achten Sie nur Ihren Gästen zuliebe darauf, es mit dem Alkohol nicht zu übertreiben, denn dieser „Eistee" hat es in sich! Lassen Sie sich von diesen einfachen Variationen des klassischen Long Island Iced Tea inspirieren!

LONG BEACH ICED TEA
Cranberrysaft statt Cola verwenden.

TEXAS ICED TEA
1,5 cl Bourbon zusätzlich dazugeben.

ADIOS MOTHER F*CKER
Blue Curaçao statt Triple Sec und Zitronenlimonade statt Cola verwenden.

GEORGIA ICED TEA
Triple Sec durch Pfirsichlikör ersetzen.

HAWAIIAN ICED TEA
Ananassaft anstatt Cola verwenden.

THREE MILE ISLAND ICED TEA
Statt Cola Midori Melonenlikör verwenden – der sorgt für die herrlich giftgrüne Farbe!

186 SEX ON THE BEACH

Der Sex on the Beach ist ganz sicher der Cocktail, der am häufigsten wegen seines Namens und nicht wegen seiner Qualität oder seinem Geschmack bestellt wird. Aber er ist ein toller Cocktail – vor allem im richtigen Moment. Und nein, ein erstes Date ist nicht der richtige Moment, um ihn kichernd zu bestellen!

4,5 cl Wodka

1,5 cl Pfirsichlikör

4,5 cl Orangensaft

4,5 cl Cranberrysaft

Orangenspalte oder -twist (Nr. 256)

→ *Alle Zutaten bis auf die Orangenspalte in ein mit Eiswürfeln gefülltes Collinsglas geben und die Orangenspalte als Garnitur auf den Glasrand stecken.*

187 SEXY VARIANTEN

Natürlich gibt es auch beim Sex on the Beach zahlreiche Varianten – hier die drei wichtigsten:

SEX ON FIRE Statt Wodka mit Zimt aromatisierten Whisk(e)y (z. B. Fireball) verwenden.

MADRAS Hier kommt nur Wodka (und zwar insgesamt 6 cl) und kein Likör zum Einsatz.

WOO WOO Hier wird gleich auf den Punkt gekommen – Orangensaft weglassen!

188 DAS RICHTIGE SÜSSE HEISSGETRÄNK WÄHLEN

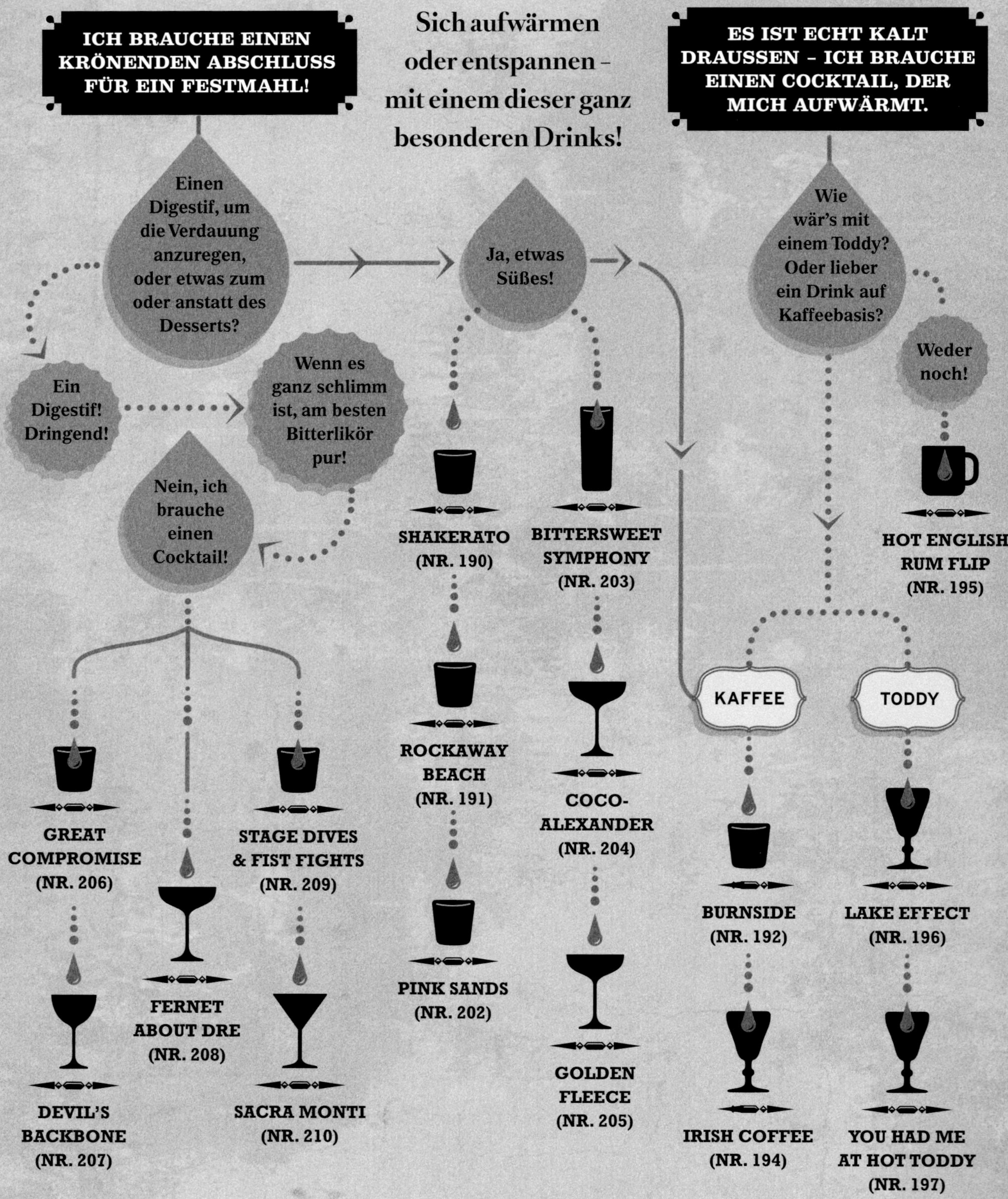

189 UND JETZT EIN ESPRESSO!

Irgendwann hat die glänzende Espressomaschine im Americano die Aufmerksamkeit von Barkeeperin Kate Bolton auf sich gezogen – also begann sie, mit Kaffee als Cocktailzutat zu experimentieren: Ein einfacher Espresso wird so zum perfekten After-Work-Drink! Also: Espressomaschine abstauben und Muntermacher mixen!

190

SHAKERATO

Der Shakerato ist ein italienischer Klassiker aus Espresso, Zuckersirup und Eis – hier sorgen Bitterlikör und Sahne zusätzlich für Aroma und Textur. Der perfekte Drink für heiße Sommernachmittage!

3 cl Espresso

3 cl Amaro Melletti (Bitterlikör)

1,5 cl halb Sahne, halb Milch gemischt

Alle Zutaten in einen Cocktail-Shaker geben, mit Eiswürfeln auffüllen und 8–10 Sekunden kräftig shaken. Den fertigen Cocktail in ein kleines Old-Fashioned-Glas seihen und sofort servieren.

191 { ROCKAWAY BEACH }

Da einer der Gründer des Americano, Blair Reynolds, auch eine Tiki-Bar, das Hale Pele, besitzt, wollte Kate Bolton Kaffee und Tiki-Kultur in einem Cocktail zusammenbringen. Dieser einfache Drink besticht durch die intensiven Kokosaromen, während der kräftige, herbe Unterton des jamaikanischen Rums bestens mit den erdigen Aromen des Kaffees harmoniert.

6 cl Cold-Brew-Kaffee

3 cl Kokosmilch

2,2 cl Smith and Cross Jamaica Rum

2,2 cl Demerara-Zuckersirup 2:1

eine halbe mit Kokosraspeln bestreute Orangenscheibe

Kaffee, Kokosmilch, Rum und Zuckersirup in einen Cocktail-Shaker geben, mit Eiswürfeln auffüllen und 8–10 Sekunden kräftig shaken. Den Cocktail in ein mit Eiswürfeln gefülltes Old-Fashioned-Glas seihen und die mit Kokosraspeln bestreute Orangenscheibe auf den Glasrand stecken.

192 BURNSIDE

Eric Rickey, Barkeeper im Americano, kreierte diesen Cocktail als Variante der klassischen Geschmackskombination Schokolade-Minze. Der Fernet Branca Menta ist ein minziger italienischer Bitterlikör, der Mud Puddle Bitter Chocolate Vodka wird von der in Portland ansäßigen Destillerie New Deal hergestellt.

4,5 cl Fernet Branca Menta

1,5 cl Mud Puddle Bitter Chocolate Vodka

4,5 cl Espresso

9 cl aufgeschäumte Milch

Kakao

Minzeblättchen

Fernet, Wodka und Espresso in ein Irish-Coffee-Glas oder ein doppelwandiges Kaffeeglas geben und mit heißer aufgeschäumter Milch aufgießen. Mit Kakao bestäuben und ein Minzeblättchen als Garnitur ins Glas geben.

193 WHISKEY VON DER GRÜNEN INSEL

Der Whiskey kam mit christlichen Mönchen nach Irland, wo ihn die Iren weiterentwickelten und so vom schottischen Whiskey abgrenzten: Die zahlreichen irischen Varianten sind insgesamt reiner, blumiger und fruchtiger. Der *Single Pot Still Whiskey* ist eine einzigartige Sorte, für die ungemälztes und gemälztes Getreide in einer Brennblase destilliert wird. Es gibt *Single Malt Whiskeys*, die nur aus gemälzter Gerste hergestellt werden, und *Blended Whiskeys*, für die Single Malt Whiskey oder Single Pot Still Whiskey mit *Grain Whiskey* (aus ungemälztem Getreide in einer Destillationskolonne destillierter Whiskey) gemeinsam abgefüllt wird. Bei den meisten beliebten irischen Whiskeys handelt es sich um Blends.

194

IRISH COFFEE

Der Irish Coffee ist ein zeitloser Klassiker: heißer Kaffee, der mit Zucker gesüßt und mit einem Schuss irischem Whiskey aufgepeppt wird! Er wurde in den 1940ern von einem Barkeeper im County Limerick als Stärkung für durchnässte Reisende kreiert – und ist heute weltweit beliebt!

4,5 cl irischer Whiskey
9 cl Kaffee
2 TL Zucker

Für die Sahnehaube:
6 cl Sahne
1½ TL Zucker

Sahne und 1½ TL Zucker in einen gekühlten Cocktail-Shaker geben und kräftig shaken, bis die Sahne cremig wird und sich der Zucker aufgelöst hat. Die Sahne muss nicht steif sein, cremig reicht (Wenn Sie zu lange shaken wird daraus Butter!). Beiseitestellen.

Die übrigen Zutaten in ein Irish-Coffee-Glas geben, verrühren und einen (oder zwei!) Löffel Sahne dazugeben.

195 HOT ENGLISH RUM FLIP

Dieser traditionelle Drink ist einem heißen Eggnogg ähnlich, kommt aber ohne Sahne oder Milch aus. Früher gab man einen heißen Schürhaken, den „loggerhead“, ins Glas, um das Bier zu erwärmen, heute tut's auch der Herd!

6 cl Rum

1 Ei (L)

1 EL Süßungsmittel nach Wahl (bevorzugt Melasse- oder Hirsesirup)

18 cl englisches Bier (oder Dunkelbier)

Muskatnuss zum Darüberreiben

➔ *Ein Geschirrtuch zu einem Ring legen und eine kleine Metallschüssel in die Mulde setzen. Rum, Ei und Süßungsmittel in die Schüssel geben und mit einem Schneebesen verrühren, bis alles gut vermischt ist.*

➔ *Das Bier in einen kleinen Topf geben und erhitzen, bis sich kleine Bläschen bilden, das Bier aber noch nicht kocht. Von der Hitze nehmen und das heiße Bier unter Rühren zur Rum-Ei-Mischung geben.*

➔ *Den Flip in eine Tasse löffeln und frische Muskatnuss darüberreiben.*

USBG | ORTSVERBAND INDIANAPOLIS

✦ JASON FOUST ✦

Vizepräsident USBG Mittlerer Westen

196 LAKE EFFECT

Der Lake Effect ist nach den kalten Winden, die über die großen Seen im Mittleren Westen fegen, benannt. Diese Variante eines heißen Toddy wärmt an kalten stürmischen Wintertagen – egal ob der Wind über einen See fegt oder an den Fensterläden rüttelt!

4,5 cl Whiskey (bevorzugt Tincup)

1,5 cl Bitter Truth Pimento Dram

1,5 cl Ingwersirup

1,5 cl Zitronensaft

6 cl heißes Wasser

einige zerstoßene schwarze Pfefferkörner

➔ *Alle Zutaten bis auf den Pfeffer in einen Kaffeebecher geben und verrühren. Den Drink mit zerstoßenem Pfeffer bestreut servieren.*

USBG | ORTSVERBAND ATLANTA

✦ IAN COX ✦

Craft-Spirituosen-Experte | Nationaler Vertrieb

197 YOU HAD ME AT HOT TODDY

Diese Toddy-Variante wurde für ein Event mit 750 Personen kreiert: Aus Spaß beschloss Ian Cox, einen heißen Drink zu servieren, denn während es in Atlanta im November teilweise noch recht schön ist, war es an diesem Tag regnerisch und kalt. Als eine Frau begeistert „You had me at hot toddy!" rief, war der Name beschlossene Sache.

4,5 cl Bourbon

7,5 cl heißer Schwarztee mit Vanille

7 ml Fernet (bevorzugt Vittone Menta)

Orangentwist (Nr. 256)

➔ *Alle Zutaten bis auf den Orangentwist in ein Irish-Coffee-Glas geben und verrühren. Den Orangentwist über dem Drink zerdrehen und anschließend als Garnitur ins Glas geben.*

BRANDY

BRANDY (WEINBRAND) IST EINE SPIRITUOSE, DEREN ALKOHOLGEHALT VOLLSTÄNDIG VOM WEIN STAMMT – SOZUSAGEN EINE MISCHUNG AUS WEIN UND DESTILLAT. VIELE SPIRITUOSEN ZÄHLEN ZU DIESER KATEGORIE: VON COGNAC UND GRAPPA BIS ZU CALVADOS UND SLIWOWITZ.

198

SO KAM'S: BRANDY

Im 9. Jahrhundert wurde zum ersten Mal destilliert – und zwar Wein. Somit ist der Brandy die erste destillierte Spirituose. Zunächst kam er als Heilmittel zum Einsatz, im 15. und 16. Jahrhundert, als holländische Händler anfingen, ungereiftes Trauben-Eau-de-vie in Fässern zu exportieren, wurden Cognac und Armagnac aber immer beliebter.

Durch den Handel veränderte sich das Image des Brandys: Er wurde nicht mehr nur als hochprozentige Spirituose angesehen, die zum Verdünnen oder zum Haltbarmachen von Weinen für die Verschiffung verwendet wurde, sondern er gehörte ab diesem Zeitpunkt zu den gereiften Spirituosen. Und durch den Transport in Fässern wurde der Brandy mit Eichenaromen angereichert, das kam so gut an, dass die Fasslagerung bald Standard wurde.

Aber Brandy ist mehr als nur Cognac oder Armagnac – jede Spirituose aus destillierten Früchten ist ein Brandy. Früher wurde Brandy hauptsächlich produziert, um Ernteüberschüsse haltbar zu machen, oder um bittere oder saure Früchte zu verwerten, aber eigentlich eignet sich jede Art von Obst zur Herstellung von Brandy.

Traubenbasierte Brandys wie Cognac und Armagnac werden aus Ugni-Blanc- (oder Trebbiano-), Folle-Blanche- und Colombard-Trauben gewonnen, die eher dünne, säuerliche Weine ergeben würden. Für Calvados werden herbe, aromatische Apfelsorten und für Eau-de-vie-Brandys Fruchtsorten, die zuvor gekocht oder verarbeitet werden, um sie genießbar zu machen, verwendet. Anders als bei Wein spielt bei Brandy auch die Schale der Früchte eine wichtige Rolle – denn in ihr steckt jede Menge Geschmack!

199

DAS GROSSE WEIN-STOCKSTERBEN

Im späten 19. Jahrhundert wurden französische Rebflächen großflächig von Blattläusen (Phylloxera) heimgesucht, die die Wurzeln zerstörten und damit zum Absterben des befallenen Weinstocks führten. Durch diese Plage wurde auch die Wein- und Brandy-Industrie stark in Mitleidenschaft gezogen: Mehr als die Hälfte aller Rebflächen in Frankreich wurden zerstört. Das große französische Weinstocksterben beeinflusste auch die Trinkgewohnheiten: Da es kaum mehr französische Brandys gab, wandte man sich in Europa und den USA Spirituosen wie dem Gin oder dem Whisk(e)y zu – und trank vermehrt Cocktails, in denen diese zum Einsatz kamen.

200 DER HERSTELLUNGSPROZESS

Das Wichtigste bei der Brandyherstellung ist die Wahl der Früchte – dadurch ergibt sich die Brandysorte und damit, wie er fermentiert wird, ob und wie lange er reift und welche Destillationsmethode zum Einsatz kommt.

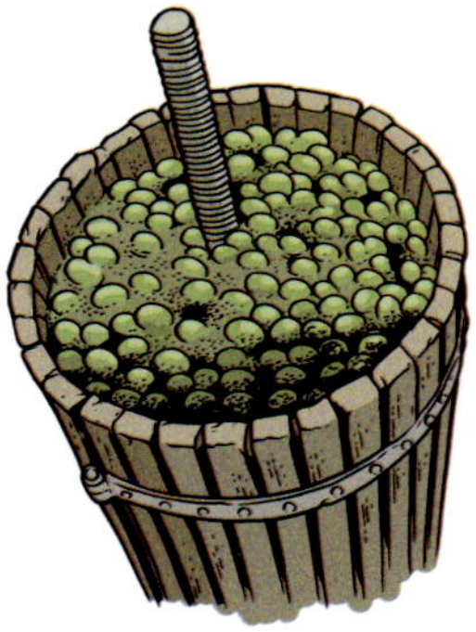

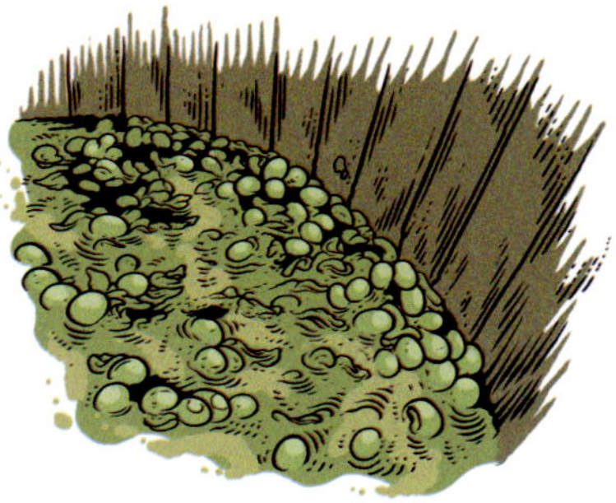

SCHRITT 1 Die Früchte werden zerkleinert und gestampft, um den Saft (und vor allem den Zucker) der Früchte freizusetzen. Anschließend werden wilde oder kultivierte Hefekulturen zugesetzt. Manchmal wird nur der Saft fermentiert, bei anderen Herstellungsmethoden wird der gesamte Trester verwendet, dann kommt allerdings noch Wasser dazu, um die Fermentation zu erleichtern.

SCHRITT 2 Die Fermentation der Früchte kann je nach Umgebungstemperatur wenige Tage bis mehrere Wochen dauern. Manchmal erfolgt die Gärung gekühlt, so kann gesteuert werden, welche Hefebakterien aktiv werden, allerdings dauert der Fermentationsprozess dann auch etwas länger.

SCHRITT 3 Anschließend wird der vergorene Trester oder Wein destilliert. Die meisten gereiften Brandys werden in Brennblasen destilliert, manche, wie Armagnac, werden in einer speziellen Kolonne destilliert, wodurch ein geringerer Alkoholgehalt von 52–60 % erreicht wird. Neutrale Brandys, die als Alkoholzusatz für Weine verwendet werden, werden in Destillationskolonnen destilliert, wodurch ein höherer Alkoholgehalt erreicht wird.

201

BRANDYSORTEN

Brandys werden nicht nur nach den Früchten, sondern auch je nach Herstellungsprozess unterschieden. Hier die drei wichtigsten Sorten.

WEINBRAND Die Spirituosen, die am häufigsten mit dem Begriff Brandy in Verbindung gebracht werden, sind gereifte Varianten aus Trauben wie Cognac, Sherry oder Armagnac. Aber eigentlich gibt es überall, wo Wein angebaut wird, auch Brandys: in Italien, Griechenland, der Türkei, Armenien, Zypern, Südafrika und den USA (v. a. in Kalifornien). Zu den Weinbränden zählen zudem auch ungereifte Spirituosen wie der Pisco, der in Peru und Chile hergestellt wird.

TRESTERBRAND Auch Tresterbrand wird aus Trauben hergestellt – allerdings nicht aus Wein, sondern aus den Überresten seiner Herstellung, dem Trester. Tresterbrände wurden früher oft nur von Weinbauern hergestellt – berühmtes Beispiel: der italienische Grappa –, heute werden sie in fast allen Weinanbaugebieten produziert. Lassen Sie sich nicht davon abschrecken, dass Trester eigentlich „Müll" ist – er wird zu raffinierten Bränden verarbeitet!

OBSTBRAND Das ist sozusagen das Auffangbecken für alle anderen Arten von Bränden: Calvados und Applejack, aber auch ungereifter Eau-de-vies wie Poire Williams (Birne), Kirsch (Kirsche) und zahlreiche andere Destillate aus Früchten zählen zu den Obstbränden. Hochwertige Obstbrände mit ihren vielfältigen Aromen und dem Geschmack nach frischen Früchten (ohne zu süß oder zu sauer zu schmecken) sind großartige Digestifs und passen toll zu Desserts. Achten Sie darauf, was auf dem Etikett steht: Einige billige „Obstbrände" sind nur aromatisierter Weinbrand, sie wurden also nicht aus den Früchten destilliert, auch wenn es das Etikett suggeriert!

USBG | ORTSVERBAND SAN ANTONIO

✦ MONICA SNYDER ✦

Vertrieb | Glazer's Distributors

202 PINK SANDS

Monica Snyder, die aus South Padre Island, Texas, stammt, wollte einen Drink kreieren, der sie an ihr Zuhause und vor allem an den Strand erinnert.

3 cl Kokosrum

1,5 cl Rye Whiskey

7 ml Himbeerlikör

12 cl Kokosmilch

1 Spritzer Zuckersirup 1:1

Cocktailkirsche und Schirmchen

Alle Zutaten bis auf die Kirsche in einen Cocktail-Shaker geben, mit Eiswürfeln auffüllen und 8–10 Sekunden kräftig shaken. Den Cocktail in ein großes mit Crushed Ice gefülltes Old-Fashioned-Glas seihen und die Kirsche und das Schirmchen dazugeben.

USBG | ORTSVERBAND LOS ANGELES

RICH WILLIAMS ✦ Barkeeper | The Spare Room

203 BITTERSWEET SYMPHONY

Nach dem Besuch einer Ginbrennerei kam Barkeeper Rich Williams an einem Eisgeschäft vorbei, das Negroni-Eis verkaufte – das war die Geburtsstunde dieses Drinks. Die Mischung aus bitteren und süßen Aromen machen diesen reichhaltigen Cocktail zum perfekten Dessert.

6 cl Gin

2,2 cl weißer Wermut (bianco)

1,5 cl Sahne

1,5 cl Eiweiß

1,5 cl Aperitiflikör (z. B. Campari)

2,2 cl Zuckersirup 1:1

Minzeblättchen und eine Cocktailkirsche

Alle Zutaten bis auf die Minze und die Kirsche in einen Cocktail-Shaker geben, mit Eiswürfeln auffüllen und 8–10 Sekunden kräftig shaken. Den Cocktail in ein Collins- oder Highballglas seihen, mit Crushed Ice auffüllen und frische Minze und die Kirsche dazugeben.

USBG | ORTSVERBAND DENVER

✦ MATT COWAN ✦

Cocktail Curator | La Cour

204 COCO-ALEXANDER

Abgesehen davon, dass sie vegan ist, kommt dieser Variante des Brandy Alexander zugute, dass sie nicht mit süßen Likören (wie dem sonst üblichen Himbeerlikör) zubereitet wird. Nichtveganer können die Kokosmilch durch Sahne ersetzen!

geröstete Kokosraspeln

Zitronenspalte

4,5 cl trockener, mit Rhabarber aromatisierter Wermut

3 cl Crème de Cacao oder anderer Likör

3 cl ungesüßte Kokosmilch (nicht Coco Real, der ist gesüßt!)

Eine dünne Schicht Kokosraspeln auf einen flachen Teller streuen, den Rand eines Coupette- oder Martiniglases mit einer Zitronenspalte befeuchten, das Glas kopfüber in die Kokosraspeln tauchen und leicht hin und her drehen. Beiseitestellen.

Die übrigen Zutaten in einen Cocktail-Shaker geben und 8–10 Sekunden kräftig shaken. Den Cocktail in das vorbereitete Glas seihen und genießen!

USBG | ORTSVERBAND SAN FRANCISCO

✦ **NAT HARRY** ✦

Spirituosen-Einkäufer Cask

205

GOLDEN FLEECE

Dieser nach dem berühmten geflügelten goldenen Vlies benannte Cocktail glänzt durch den scharfen Kick, der einem direkt in die Wangen schießt. Versammeln Sie Ihre Argonauten um sich, und kosten Sie diesen wertvollen Schatz!

5 cl gereifter Cachaça (bevorzugt Avuá Amburana)

2,2 cl gesüßte Kondenzmilch

7 ml Ancho Reyes (Chili-Likör)

1 Spritzer Schokoladenbitter (bevorzugt Fee Brothers Aztec Chocolate Bitters)

frisch gemahlener Zimt

Alle Zutaten bis auf den Zimt in einen Cocktail-Shaker geben, mit Eiswürfeln auffüllen und 8–10 Sekunden kräftig shaken. Den Cocktail in ein gekühltes Coupette- oder Weinglas seihen und mit frisch gemahlenem Zimt bestreut servieren.

USBG | ORTSVERBAND ASHEVILLE

✦ MATTHEW KORZELIUS ✦

Barkeeper | Manna

206

GREAT COMPROMISE

Nachdem ihm klar wurde, dass Cola ähnliche Aromen wie Bitterlikör hat (auch die Cola-Rezeptur enthält hauptsächlich Kräuter), begann Matthew Korzelius mit Cola in Kombination mit italienischen Digestifs zu experimentieren. Der Cocktail ist sozusagen ein „Kompromiss“, bei dem bittere mit süßen Aromen gemischt werden, um sie angenehmer im Geschmack zu machen.

2,2 cl Colasirup

4,5 cl Bourbon Whiskey

1,5 cl Fernet

2,2 cl Punt é Mes Vermouth

2 Spritzer Kirschbitter

Cocktailkirsche

Für den Colasirup handelsübliche Cola bei mittlerer Hitze bis etwa auf ein Sechstel der ursprünglichen Menge reduzieren und dann abkühlen lassen.

Alle Zutaten bis auf die Kirsche in einen Cocktail-Shaker geben, mit Eiswürfeln auffüllen und 8–10 Sekunden kräftig shaken. Den Cocktail in ein Old-Fashioned-Glas seihen und einen großen Eiswürfel und die Kirsche ins Glas geben.

USBG | ORTSVERBAND SAN FRANCISCO

CHRIS LANE ✦ Barmanager | Ramen Shop

207 { DEVIL'S BACKBONE }

Dieser Cocktail ist ein echter Muntermacher und perfekt nach einem reichhaltigen Essen, einem langen Arbeitstag – und für alle, die schwere Raucharomen gerne mit etwas Bittersüßem kombinieren! Chris verdankt seine Vorliebe für rauchigen Whiskey seinem Vater, und er kommt hier gleich in zweifacher Ausführung zum Einsatz. Der vollmundige, leicht bittere Cocktail bildet einen krönenden Abschluss für jedes Festmahl.

3 cl Rye Whiskey

1,5 cl zehnjähriger Ardbeg Single Malt (oder anderer rauchiger Scotch)

2,2 cl Averna

1,5 cl Gran Classico (oder anderer Aperitiflikör)

1 Spritzer Aromabitter (bevorzugt Angosturabitter)

1 Spritzer Orangenbitter (bevorzugt Bitter Truth)

Orangentwist (Nr. 256)

Alle Zutaten bis auf den Orangentwist in ein großes Becher- oder Rührglas geben, mit Eiswürfeln auffüllen und 20–30 Sekunden rühren. Den Cocktail in ein Nick-and-Nora- oder ein kleines Coupette- oder Martiniglas seihen, den Orangentwist über dem Drink zerdrehen und anschließend so drapieren, dass die Schalenseite auf der Oberfläche des Cocktails aufliegt.

USBG | ORTSVERBAND PHILADELPHIA

✦ **RYAN SHIPMAN** ✦

Barmanager

208

FERNET ABOUT DRE

Der meist als Digestif getrunkene minzige Fernet wird hier mit einem weiteren blumigen italienischen Bitterlikör, der Saffran, Anis und Veilchen enthält, kombiniert. Der Walnussbitter sorgt dafür, dass Whiskey und Bitterliköre perfekt harmonieren – ein kräftiger Schluck, perfekt als Digestif.

6 cl Rye Whiskey

2,2 cl Fernet

2,2 cl Meletti Amaro

2 Spritzer Fee Brothers Black Walnut Bitters

Cocktailkirsche

→ *Alle Zutaten bis auf die Kirsche in ein großes Rührglas geben, mit Eiswürfeln auffüllen und etwa 30 Sekunden rühren. Den Cocktail in ein Coupetteglas seihen und die Kirsche als Garnitur ins Glas geben.*

USBG | ORTSVERBAND SAN ANTONIO

✦ STEPHAN MENDEZ ✦

Beverage Director

The Boulevardier Group

209

STAGE DIVES & FIST FIGHTS

Stage Diving und Faustkämpfe – nach zu vielen Gläsern dieses starken Cocktails auf Tequila-Basis fühlt man sich dazu richtig in Stimmung! Das Orangenkrönchen hat sich dieser Drink wahrlich verdient: Dreimal in Folge hat er es auf die Cocktailkarte der legendären Last Word Bar geschafft. Ein echter Siegertyp!

4,5 cl weißer Tequila

2,2 cl Pedro-Ximénez-Sherry

2,2 cl roter Wermut

2 Spritzer Kardamombitter

Orangenschale, in Kronenform geschnitten

Alle Zutaten bis auf die Orangenschale in ein Old-Fashioned-Glas geben, mit Eiswürfeln auffüllen und verrühren. Zum Schluss die Orangenschalenkrone als Garnitur ins Glas geben.

USBG | ORTSVERBAND UTAH

ALEJANDRO OLIVARES ✦ Barkeeper | Under Current

210 { SACRA MONTI }

Dieser Cocktail trägt den Namen der Pilgerstätten und Kapellen, die sich auf den zahlreichen Bergkuppen der Bergkette zwischen der Lombardei und dem Piemont, wo Zucca und Cocchi hergestellt werden, befinden. Ein bisschen fruchtig, ein bisschen bitter und einfach lecker!

4,5 cl Bourbon (bevorzugt Buffalo Trace)

1,5 cl roter Wermut (bevorzugt Cocchi)

1,5 cl Zucca (italienischer Rhabarberlikör)

3 Spritzer Aromabitter (z. B. Angosturabitter)

Cocktailkirsche

Alle Zutaten bis auf die Kirsche in einen Cocktail-Shaker geben, mit Eiswürfeln auffüllen und 8–10 Sekunden kräftig shaken. Den Cocktail in ein Coupette- oder Martiniglas seihen, die Kirsche auf einen Cocktailspieß stecken und diesen auf den Glasrand legen.

Die Kunst des Gastgebens

Als Cocktailfan haben Sie ganz sicher eine oder mehrere Lieblingsbars und wahrscheinlich haben Sie diese aus gutem Grund als zweites Wohnzimmer gewählt: Nicht nur, weil es dort gute Drinks gibt, sondern vor allem wegen der Atmosphäre!

Natürlich sind die richtigen Rezepte wichtig, aber selbst, wenn Sie wissen, wie man jeden einzelnen klassischen Cocktail mixt, reicht das noch nicht aus, um eine legendäre Party zu schmeißen. Gastgeberqualitäten, die richtige Planung und ein Auge für das Wohl der Gäste – dazu gehört auch, sie nicht zu viel trinken lassen, damit sie sich auch noch an den Abend erinnern! – sind mindestens genauso wichtig wie gute Drinks.

Dieses Kapitel wird Ihnen helfen, unvergessliche Partys zu organisieren und zu feiern: vom Drink- und Foodpairing über Garnituren, die jeden Drink aufwerten, bis hin zu Rezepten für Mocktails, die auch die Nichttrinker nicht alt aussehen lassen. Denn: Ein guter Gastgeber macht eine Party erst richtig vollkommen! Aber wo anfangen? Werfen Sie doch einmal einen Blick auf Nr. 213!

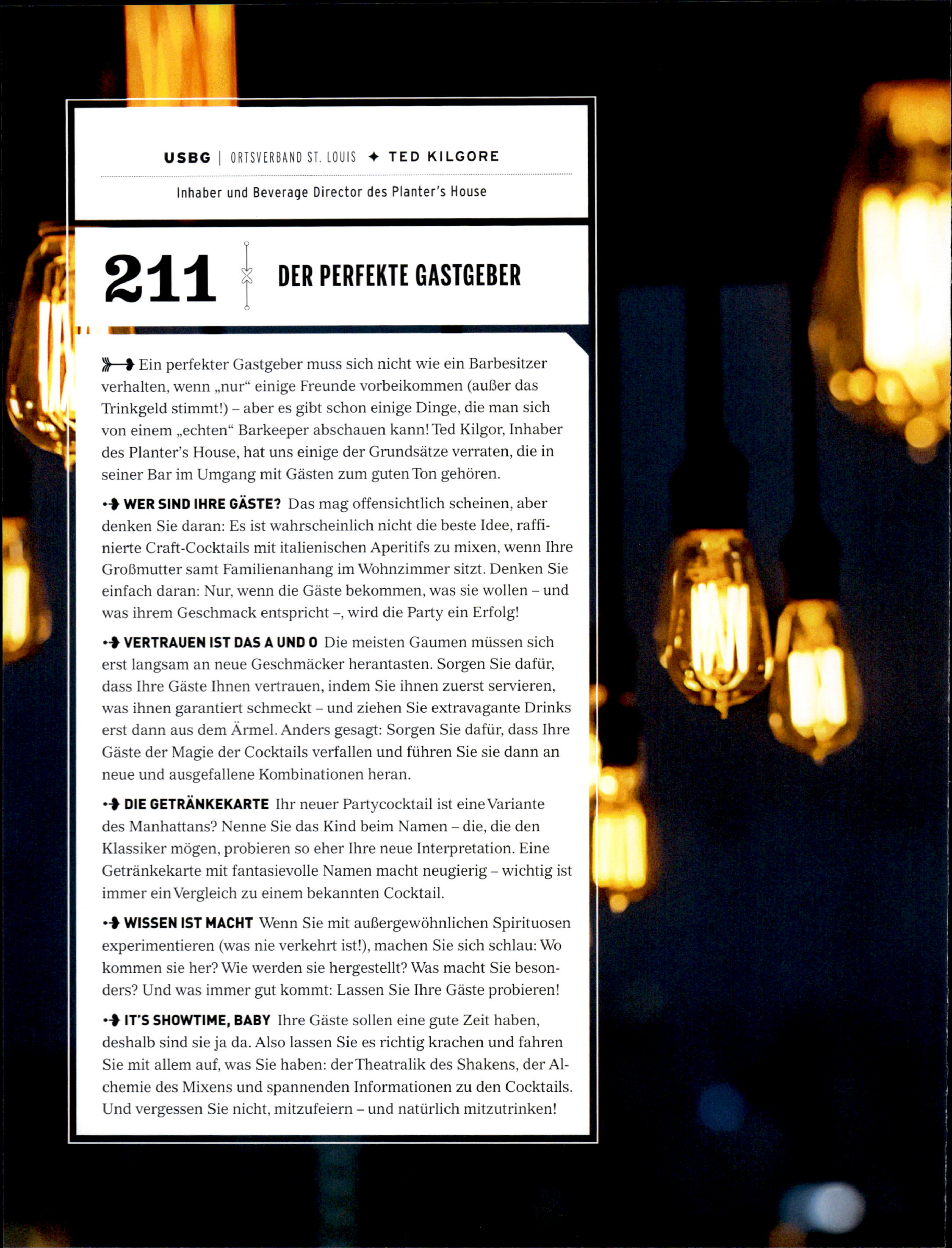

USBG | ORTSVERBAND ST. LOUIS ✦ **TED KILGORE**

Inhaber und Beverage Director des Planter's House

211 DER PERFEKTE GASTGEBER

Ein perfekter Gastgeber muss sich nicht wie ein Barbesitzer verhalten, wenn „nur" einige Freunde vorbeikommen (außer das Trinkgeld stimmt!) – aber es gibt schon einige Dinge, die man sich von einem „echten" Barkeeper abschauen kann! Ted Kilgor, Inhaber des Planter's House, hat uns einige der Grundsätze verraten, die in seiner Bar im Umgang mit Gästen zum guten Ton gehören.

WER SIND IHRE GÄSTE? Das mag offensichtlich scheinen, aber denken Sie daran: Es ist wahrscheinlich nicht die beste Idee, raffinierte Craft-Cocktails mit italienischen Aperitifs zu mixen, wenn Ihre Großmutter samt Familienanhang im Wohnzimmer sitzt. Denken Sie einfach daran: Nur, wenn die Gäste bekommen, was sie wollen – und was ihrem Geschmack entspricht –, wird die Party ein Erfolg!

VERTRAUEN IST DAS A UND O Die meisten Gaumen müssen sich erst langsam an neue Geschmäcker herantasten. Sorgen Sie dafür, dass Ihre Gäste Ihnen vertrauen, indem Sie ihnen zuerst servieren, was ihnen garantiert schmeckt – und ziehen Sie extravagante Drinks erst dann aus dem Ärmel. Anders gesagt: Sorgen Sie dafür, dass Ihre Gäste der Magie der Cocktails verfallen und führen Sie sie dann an neue und ausgefallene Kombinationen heran.

DIE GETRÄNKEKARTE Ihr neuer Partycocktail ist eine Variante des Manhattans? Nenne Sie das Kind beim Namen – die, die den Klassiker mögen, probieren so eher Ihre neue Interpretation. Eine Getränkekarte mit fantasievolle Namen macht neugierig – wichtig ist immer ein Vergleich zu einem bekannten Cocktail.

WISSEN IST MACHT Wenn Sie mit außergewöhnlichen Spirituosen experimentieren (was nie verkehrt ist!), machen Sie sich schlau: Wo kommen sie her? Wie werden sie hergestellt? Was macht Sie besonders? Und was immer gut kommt: Lassen Sie Ihre Gäste probieren!

IT'S SHOWTIME, BABY Ihre Gäste sollen eine gute Zeit haben, deshalb sind sie ja da. Also lassen Sie es richtig krachen und fahren Sie mit allem auf, was Sie haben: der Theatralik des Shakens, der Alchemie des Mixens und spannenden Informationen zu den Cocktails. Und vergessen Sie nicht, mitzufeiern – und natürlich mitzutrinken!

212

UMGANG MIT BETRUNKENEN GÄSTEN

Auch trinkfeste Partylöwen übertreiben es manchmal, meist ohne es zu wollen – das passiert eben. Als Gastgeber sind Sie dafür verantwortlich, dass trotzdem alle Spaß haben und vor allem wohlbehalten nach Hause kommen! Hier ein paar Tipps, was es zu beachten gilt, wenn doch mal jemand viel zu tief ins Glas geschaut hat.

FAHRVERBOT Ein Gast hat mehr als ein bisschen zu viel Alkohol erwischt? Das bedeutet Fahrverbot! Organisieren Sie eine Mitfahrgelegenheit und geben Sie dem Schluckspecht Wasser und etwas zu essen, damit er wieder auf die Beine kommt!

COUCH AUSZIEHEN Wenn sich jemand seltsam oder irrational verhält und einen verwirrten Eindruck macht, heißt das für Sie: Couch ausziehen. Das Letzte, was Sie wollen, ist, dass sich derjenige ans Steuer setzt, im Taxi oder in der U-Bahn einschläft oder wegen Störung der öffentlichen Ordnung – oder noch Schlimmerem – verhaftet wird!

SCHLECHTES BENEHMEN VERZEIHEN Kennen Sie den Film *Der Exorzist*? Betrunkene verhalten sich in gewisser Weise genau wie Besessene – und wissen am nächsten Tag gar nicht mehr, wie ihnen geschehen ist. Verzeihen Sie schlechtes Benehmen: Sie können sich sicher sein, dass derjenige sich schämen würde, wenn er sich noch an das, was er angestellt hat, erinnern könnte. Und denken Sie daran: Eine Hand wäscht die andere – denn die nächste Party kommt bestimmt!

VORBEREITET SEIN Und erinnern Sie sich an diese eine berühmte Szene aus *Der Exorzist*? Stellen Sie auf jeden Fall einen Eimer parat, auch wenn es nicht so aussieht, als wäre es notwendig. Manche Dämonen müssen einfach raus!

GEDULDIG SEIN Vergessen Sie Kaffee und all die anderen Ausnüchterungstricks, denn das Einzige, was wirklich hilft, ist Zeit! Das dauert – aber im besten Fall geschieht das ja nach der Party im Schlaf.

NOTFALL Mit einer Alkoholvergiftung ist nicht zu Spaßen: Falls ein Betrunkener Probleme beim Atmen hat, unregelmäßig atmet, blass wird oder das Bewusstsein verliert, dann sofort ab ins Krankenhaus – und zwar so schnell wie möglich!

213 DIE PERFEKTE PARTY PLANEN

Sie planen Ihre nächste Party? Wir helfen Ihnen, die richtige Cocktail-Strategie zu wählen. An welche Art von Party haben Sie genau gedacht?

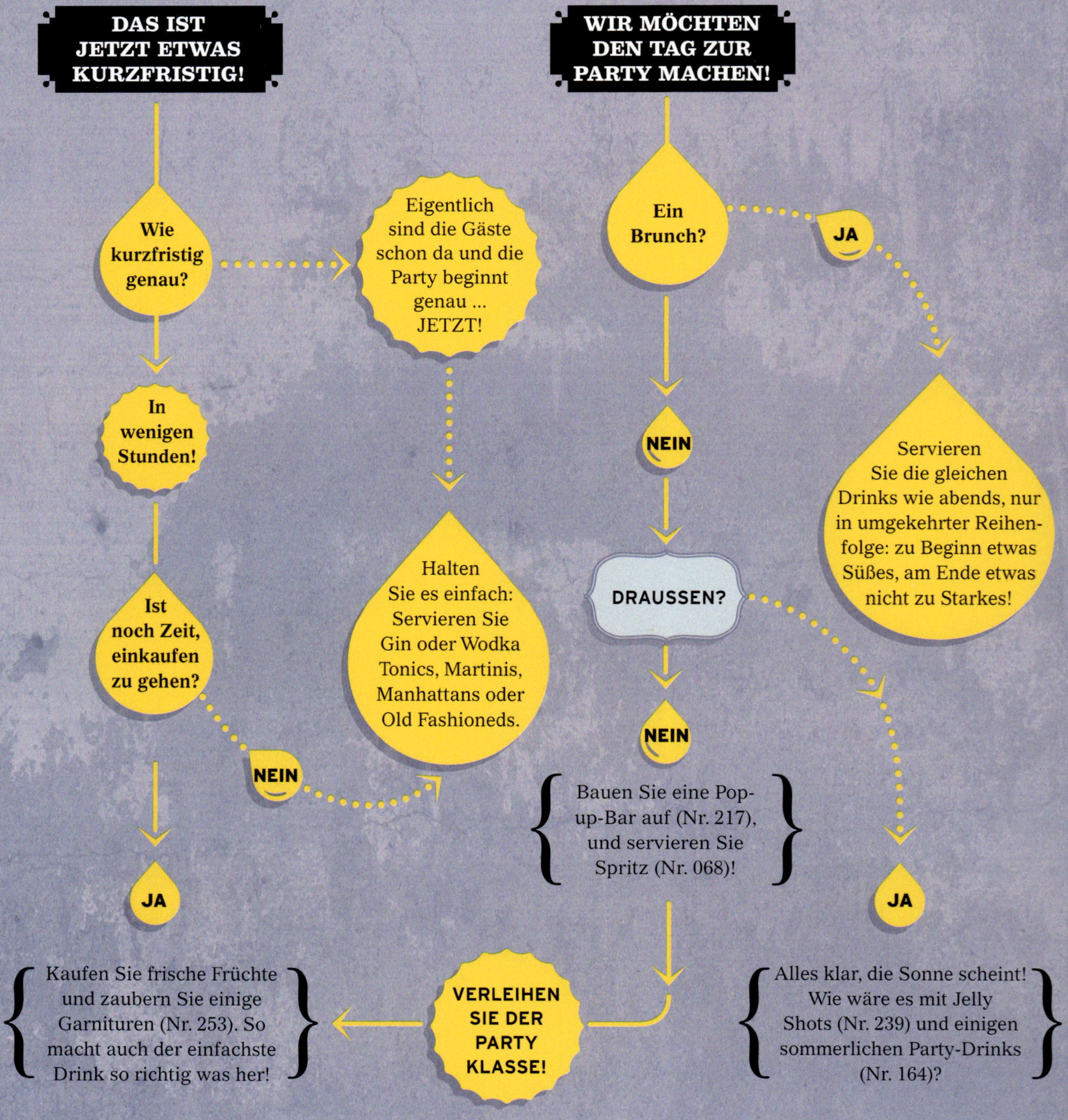

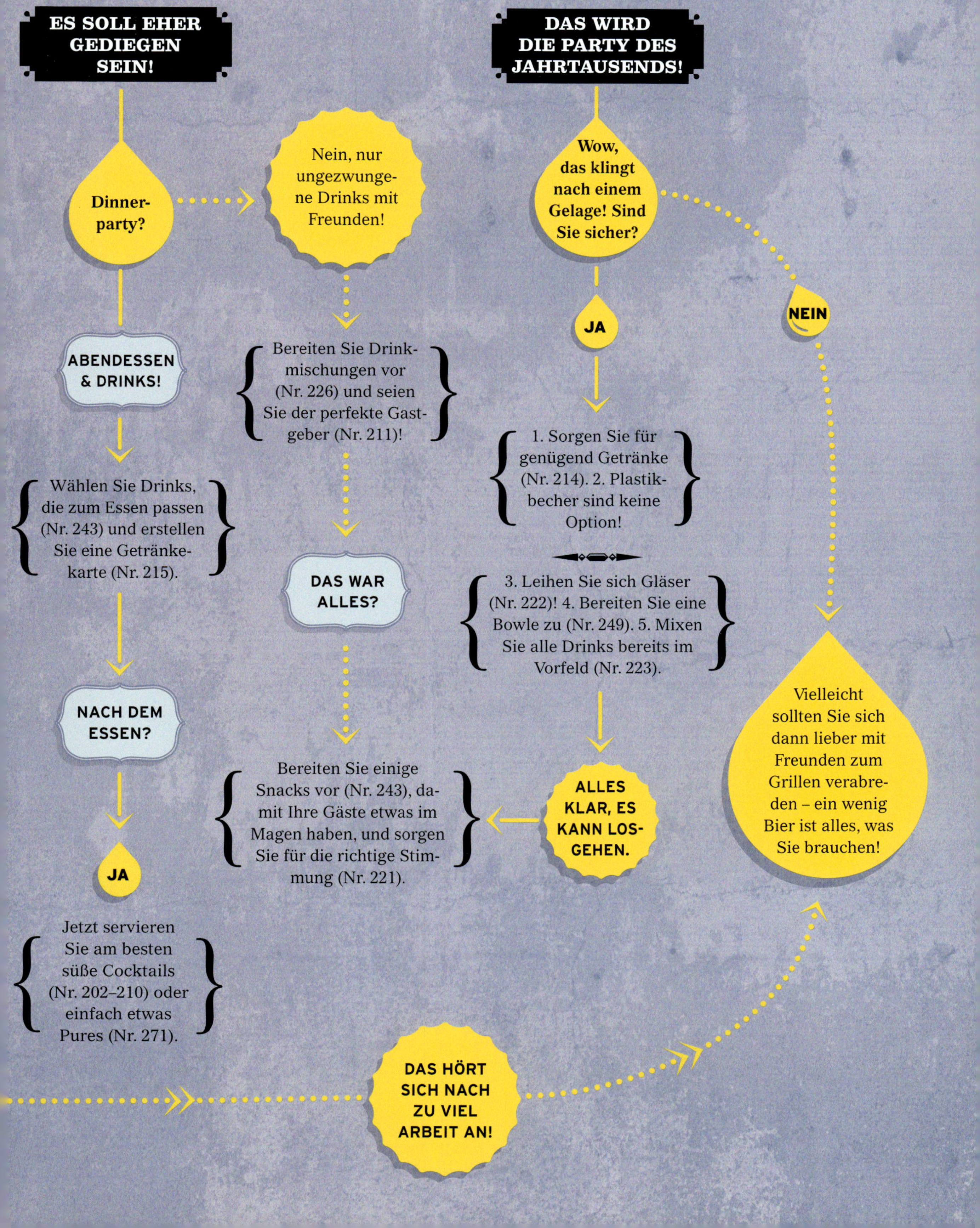
ES SOLL EHER GEDIEGEN SEIN!
Dinnerparty?
Nein, nur ungezwungene Drinks mit Freunden!
Bereiten Sie Drinkmischungen vor (Nr. 226) und seien Sie der perfekte Gastgeber (Nr. 211)!
DAS WAR ALLES?
Bereiten Sie einige Snacks vor (Nr. 243), damit Ihre Gäste etwas im Magen haben, und sorgen Sie für die richtige Stimmung (Nr. 221).
ABENDESSEN & DRINKS!
Wählen Sie Drinks, die zum Essen passen (Nr. 243) und erstellen Sie eine Getränkekarte (Nr. 215).
NACH DEM ESSEN?
JA
Jetzt servieren Sie am besten süße Cocktails (Nr. 202–210) oder einfach etwas Pures (Nr. 271).
DAS WIRD DIE PARTY DES JAHRTAUSENDS!
Wow, das klingt nach einem Gelage! Sind Sie sicher?
JA
1. Sorgen Sie für genügend Getränke (Nr. 214). 2. Plastikbecher sind keine Option!
3. Leihen Sie sich Gläser (Nr. 222)! 4. Bereiten Sie eine Bowle zu (Nr. 249). 5. Mixen Sie alle Drinks bereits im Vorfeld (Nr. 223).
ALLES KLAR, ES KANN LOSGEHEN.
NEIN
Vielleicht sollten Sie sich dann lieber mit Freunden zum Grillen verabreden – ein wenig Bier ist alles, was Sie brauchen!
DAS HÖRT SICH NACH ZU VIEL ARBEIT AN!

214 FÜR GENÜGEND ALKOHOL SORGEN

Wenn nach einer Party Alkohol übrig bleibt, ist das eigentlich kein Problem. Viele noch fast ganz volle, geöffnete Flaschen oder ein noch fast volles, angebrochenes Fass Bier sind da schon schlimmer. Aber der absolute Worst Case ist, wenn während der schönsten Party der Alkohol ausgeht – das war's dann mit der Stimmung: „Oh, schon so spät? Wir gehen dann mal ..."

Wenn Sie einen Party planen und es darum geht, genügend Alkohol im Haus zu haben, behalten Sie einfach diese Faustregel im Kopf: Pro Person und Stunde etwa 1½ Drinks rechnen und je später der Abend, desto weniger wird getrunken – das ist zumindest zu hoffen, wenn Sie nicht wollen, dass die Sache aus dem Ruder läuft! Auch interessant: Ein großes Fass Bier (50 l) reicht für etwa 150 Drinks, eine Kiste Wein für 60 Gläser und eine Flasche Schnaps für etwa 13 Shots beziehungsweise Cocktails.

Das sind gute Anhaltspunkte, wenn eine Mischung aus Partylöwen, Autofahrern und Durchschnittstrinkern da ist. Aber Sie kennen Ihre Freunde am besten: Trinken sie regelmäßige die Bars der Stadt leer? Dann lieber etwas mehr kaufen!

215

GIBST DU MIR MAL DIE GETRÄNKEKARTE?

Der Geschmack eines Cocktails ist wichtig, aber noch wichtiger ist, wie die Getränkeauswahl präsentiert wird. Über die Namen und Beschreibungen der angebotenen Drinks lassen sich zum Beispiel kleine unterhaltsame Geschichten erzählen. Viele Barkeeper nehmen sich viel Zeit, ihre Getränkekarte dementsprechend zu gestalten, aber eigentlich ist es gar nicht so schwer – wenn Sie die folgenden Dinge im Kopf behalten.

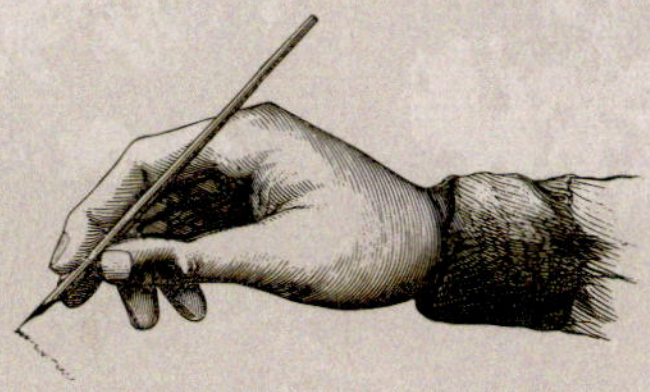

SCHRIFT WÄHLEN Verwenden Sie nicht zu viel Zeit darauf, sich eine ausgefallene Schrift auszusuchen: Bei schummrigem Licht (und nach einigen Drinks) kann sie sowieso keiner mehr lesen. Die Schrift sollte also schlicht und nicht zu klein sein, sonst verbringen Sie den ganzen Abend damit, Ihren Gästen die Karte vorzulesen anstatt zu feiern!

KLUG PLANEN Wenn Sie eine Veranstaltung für viele Gäste planen, bieten Sie keine Cocktails mit Eiweiß oder Sahne oder solche, für die Zutaten zerstoßen werden müssen, an. Wenn Sie viele dieser aufwendigen Drinks zubereiten müssen, riskieren Sie, dass Ihre Gäste ewig warten (und Ihnen die Arme abfallen!). Abgesehen davon macht man beim Muddeln meist eine unglaubliche Sauerei, die Sie – im wahrsten Sinne des Wortes – ausbaden müssen! Wählen Sie lieber Drinks, die direkt im Gästeglas zubereitet werden wie Bucks, Mules, Old Fashioneds oder spritzige Weincocktails.

WENIGER IST MEHR Wie viel Platz Sie hinter Ihrer Bar haben, bestimmt meist ganz automatisch, wie viele Zutaten Sie unterbringen und damit wie viele verschiedene Drinks Sie realistischerweise anbieten können. Davon abgesehen: Ist die Auswahl zu groß, werden meist ohnehin nur die ersten Drinks auf der Karte bestellt.

KENNE DEINE KUNDEN Sie kennen Ihre Freunde gut genug, um zu wissen, was ihnen schmeckt! Sind sie eher Bier- oder Weintrinker? Servieren Sie je nachdem Ihre Variante des Radlers (DST, Nr. 180) oder der Sangria (Nr. 177). Und probieren Sie es dann ruhig auch mit ausgefallenen Kombinationen!

WENIG PLATZ? KEIN PROBLEM! Wahrscheinlich ist Ihre Hausbar nicht groß genug, um viele unterschiedliche Cocktails zu mixen – Bowlen sind eine tolle Alternative!

FÜR BACK-UP SORGEN Genauso wie ein Torero etwas Hilfe braucht, um den wilden Bullen abzulenken, brauchen Sie ein Back-up, falls Sie mit dem Mixen nicht mehr hinterherkommen. Die Bowle ist ihr bester Freund: Bowle geht immer und Sie können sogar verschiedene Bowlen vorbereiten und einkühlen. Nehmen Sie sich vor der Party etwas Zeit und kreieren Sie ausgefallene Garnituren und eine kurze Beschreibung, so wissen Ihre Gäste, welche Bowle in der jeweiligen Schüssel ist, und können sich selbst bedienen – und Sie können zwischendurch durchatmen! Denn als Gastgeber ist es auch einmal schön, nicht ununterbrochen zu „arbeiten"!

JAHRESZEIT BEACHTEN Nein, das wird kein Vortrag darüber, saisonale und lokale Produkte zu kaufen (und ja, das sollten Sie tun!), sondern es geht darum, beim Zusammenstellen der Getränkekarte die jeweilige Jahreszeit zu bedenken: Ein starker Old Fashioned ist zum Beispiel nicht gerade erfrischend an einem schwülen Hochsommertag, wenn es heiß ist, sind eher frische spritzige Drinks gefragt (z. B. Gin Tonic). Bei kühleren Temperaturen können Sie auch alkohollastigere Drinks anbieten.

DIE MAGISCHE 30 Wenn Sie eine große Party mit mehr als 30 Gästen planen, kommen zwei Bowlen und zwei Cocktails auf die Karte, sind es weniger, zwei Cocktails und eine Bowle.

GLÄSER VARIIEREN Versuchen Sie Ihre Cocktails so zu wählen, dass Sie unterschiedliche Gläser verwenden können – das bringt Abwechslung und sorgt dafür, dass sich die Gäste nicht langweilen!

216

EINE BAR IMPROVISIEREN

Die Küche ist vielleicht nicht der gemütlichste Raum im Haus – aber trotzdem der geeignete Ort für die Bar. Warum? Lesen Sie doch einfach weiter!

PLATZ Meist ist in der Küche genug Platz, um sich so richtig auszubreiten: reichlich Abstellfläche für Zutaten, Zubehör und Barwerkzeug und genug Arbeitsfläche für die Zubereitung der Drinks – und das auch noch in der richtigen Höhe (Das ist nicht zu unterschätzen, sonst sind Rückenschmerzen vorprogrammiert!). Pluspunkt: Die Küche ist leicht zu reinigen!

WASCHBECKEN Jede improvisierte Bar braucht ein Waschbecken: Hier kann Barwerkzeug ausgespült und überflüssiges Eis entsorgt werden. Wenn die Bar irgendwo im Haus ist, werden Sie sicher alle fünf Minuten in die Küche zum Waschbecken rennen: Da können Sie die Bar gleich in der Küche aufbauen!

STAURAUM Meist gibt es in der Küche viel Stauraum inklusive zahlreicher kühler, dunkler Schränke – perfekt für Alkohol, aber auch um Gläser und Barwerkzeug zu verstauen. Und das Wichtigste: In der Küche steht auch Ihr bester Freund, der Kühlschrank! Hier können Sie problemlos Eis, Säfte und Sirup in Hülle und Fülle kühlen.

217 POP-UP-BAR

Sie planen eine größere Veranstaltung – zum Beispiel in einer gemieteten Location – und möchten Ihre Freunde trotzdem mit selbstgemixten Cocktails versorgen? Kein Problem: Eine Pop-up-Bar ist im Handumdrehen aufgebaut! Es gelten die gleichen Regeln wie für eine Bar daheim – nur sollte alles leicht zu transportieren sein!

DIE „BAR" Ein kleiner Klapptisch eignet sich perfekt als Arbeitsfläche, achten Sie aber darauf, dass der Tisch nicht zu niedrig ist – richtig, der Rücken! Wenn Sie keinen Tisch finden, der hoch genug ist, heißt es, selbst Hand anlegen: Verwenden Sie Möbelerhöher oder Kunststoffrohrstücke (Durchmesser abmessen, damit die Tischbeine reinpassen!), um den Tisch auf die richtige Höhe zu bringen. Und platzieren Sie den Tisch so, dass Sie hinter der „Bar" genug Bewegungsfreiheit haben – es macht keinen Spaß, andauernd irgendwo anzustoßen.

WASSER IN DER WÜSTE Platzieren Sie Ihre Pop-up-Bar möglichst in der Nähe von irgendeiner Wasserquelle oder einem Waschbecken. Zur Not tun es aber auch ein, zwei große Eimer mit frischem Wasser und einer zum Entsorgen von überflüssigem Eis. Stellen Sie die Eimer auf Plastikmatten und besorgen Sie eine rutschfeste Gelmatte für hinter der Bar.

ZUBEHÖR UND GLÄSER Verkleiden Sie den Klapptisch mit einem großen Tischtuch, das außen bis zum Boden reicht – so sieht die Bar aufgeräumt aus und Sie können Zutaten, Zubehör und Equipment unauffällig lagern. Und stellen Sie einen zweiten Tisch für saubere Gläser hinter der Bar auf!

EIS, EIS, EIS Am einfachsten ist es, Eis in einer Kühlbox zu lagern: Einfach auf eine leere Bierkiste oder einen Stuhl stellen – hüfthoch ist perfekt! –, so können Sie die Gläser ganz bequem mit Eis füllen.

218 HINTER DEN KULISSEN

Nicht nur in Bars, sondern auch zu Hause ist es wichtig, die Bar professionell einzurichten – denn nur, wenn rundherum alles stimmt, können Sie in Ruhe Cocktails mixen und sich zugleich um das Wohl der Gäste kümmern. Bevor Sie loslegen, werfen wir doch einmal einen Blick hinter die Kulissen einer echten Profi-Bar!

SPEED RAIL Die Speed Rail ist eine Art Metallschiene, in der die Spirituosen und Getränke aufbewahrt werden, die besonders häufig zum Einsatz kommen. Idealerweise befindet sie sich direkt hinter der Theke in Reichweite des Barkeepers.

Und zu Hause? Wenn Sie oft größere Veranstaltungen organisieren, macht eine Speed Rail Sinn. Ansonsten können Sie oft verwendete Zutaten auch einfach mittig auf den Tresen stellen – hinter einer Reihe aus Flaschen lassen sich außerdem Zubehör und Spickzettel verstecken!

PERSONALITY WELL In diesem Bereich der Bar reicht der Barkeeper wartenden Gästen ihre Drinks. Wichtig: Im direkten Kundenkontakt zählt Persönlichkeit mindestens genauso wie ein guter Drink!

Und zu Hause? Der ganze Tresen ist Ihre Bühne, also seien sie nett zu Ihren Fans!

STAURAUM UNTER DER BAR Hier ist viel Platz für Reserveflaschen, ein Erste-Hilfe-Kit, Geschirrtücher und sonstigen Kleinkram, den nicht jeder gleich sehen muss.

Und zu Hause? Dieser Stauraum ist unverzichtbar! Einen nach vorne offenen Tresen am besten mit einer großen Tischdecke verhängen, um Flaschen und was auch immer Sie dort lagern, vor den Gästen verschwinden zu lassen.

BACKBAR So nennt man die Regale hinter dem Barkeeper, wo teurere Spirituosen und die Gläser stehen.

Und zu Hause? Ein Regal hinter der Bar für Gläser und Spirituosen ist sinnvoll. Wenn Sie keine Getränkekarte haben, sehen die Gäste so außerdem sofort, was ausgeschenkt wird.

→ EISSTATION Die Eisstation ist ein großes Eisfach, das in vielen Bars direkt neben der Arbeitsfläche eingelassen ist. Professionelle Eisstationen verfügen über einen gesonderten Bereich für Saft-, Wein-, Limonaden- und Wasserflaschen.

Und zu Hause? Eine Eisstation ist unverzichtbar, denn ein ungekühlter Cocktail ist ein echtes No-go. Am besten verwenden Sie einen großen Eiseimer mit Eiswürfeln für die Drinks und eine Kühlbox, um Säfte, Mineralwasser, Wein und Limonaden zu kühlen.

→ SERVICE WELL Wenn es mehr als einen Barkeeper gibt, werden hier Drinks zubereitet, die am Tisch (und nicht direkt am Tresen) serviert werden. Hier besser nicht anstellen, dieser Ort ist für Kellner reserviert!

Und zu Hause? Wenn Sie ein elegantes Abendessen planen und Drinks direkt am Tisch servieren, richten Sie Ihre Bar in einer Ecke in einiger Entfernung zu den Gästen ein – hier können Sie ungestört arbeiten.

→ BARBACK Der Barback oder Runner arbeitet Hand in Hand mit dem Barkeeper: Er sorgt dafür, dass Getränkenachschub eingekühlt wird, reinigt Barwerkzeug und Zubehör und ist für Alkoholfreies und Garnituren zuständig – damit sich der Barkeeper ganz auf die Cocktails konzentrieren kann.

Und zu Hause? Heuern Sie einen Freund an, der Ihnen bei größeren Veranstaltungen zur Seite steht.

→ GARNISH BIN In den einzelnen Behältern eines Garnish Bins ist Platz für Oliven, Zitrusfrüchtespalten, Cocktailkirschen und andere Garnituren. Wenn Sie nicht der Barkeeper sind: Hände weg und auf keinen Fall naschen!

Und zu Hause? Eine professionelle Station ist nicht notwendig – einige kleine Schüsseln tun's auch! Und vergessen Sie nicht die Barzange!

USBG | ORTSVERBAND ST. LOUIS

✦ MATT SORRELL ✦

Mitinhaber | Cocktails Are Go!

219

MITTEN IM GESCHEHEN

Wo Sie die Bar platzieren, ist mindestens genauso wichtig wie, welche Drinks Sie servieren. Egal, welche Party in welcher Größenordnung Sie planen und ob sich die Gäste an der Bar selbst bedienen oder nicht: Die Bar ist immer der Mittelpunkt des Geschehens, denn die Gäste halten sich meist ganz automatisch dort auf, wo der Alkoholnachschub herkommt.

Machen Sie sich bereits im Vorfeld einer Party über diese Dinge Gedanken, damit es vor der Bar nicht zu Gedränge kommt – denn wenn Gäste das merken, bleiben Sie meist gleich direkt vor der Bar stehen, aus Angst, sich später durch die Menge kämpfen zu müssen. Die Bar sollte, wenn möglich, mitten im Geschehen in einem Raum mit mehreren Eingängen stehen, damit ein Kommen und Gehen und kein Stau vor der Bar entsteht.

220 SCHAU MIR IN DIE AUGEN

Wenn irgendwie möglich, platzieren Sie sich und Ihre Bar so, dass Sie mit neu ankommenden Gästen Augenkontakt aufnehmen können – vor allem, wenn Sie Barkeeper und Gastgeber zugleich sind. So fühlen sich Ihre Gäste willkommen und wissen sofort, wo der Gastgeber ist – und noch wichtiger: wo sie hin müssen, um ihren Durst zu stillen.

221 ATMOSPHÄRE SCHAFFEN

Die meisten Menschen gehen aus einem bestimmten Grund auf Partys oder in Bars: Nein, nicht um zu trinken, sondern um mit Leuten ins Gespräch zu kommen! Wenn die Atmosphäre stimmt, geht das ganz von allein.

PAUSE MACHEN Wenn Sie viele Gäste erwarten, reichen Couch und Esstisch schnell nicht mehr. Besorgen Sie einige Extrasitzgelegenheiten, damit alle, die sich kurz ausruhen möchten, das auch problemlos tun können. Achten Sie darauf, Sitzgelegenheiten eher am Rand des Raumes zu platzieren, um Durchgänge freizuhalten, und besorgen Sie auch einige kleine Tische für Teller und Gläser – damit nicht der Fußboden oder das Bücherregal herhalten muss.

ES WERDE LICHT Nichts ist unangenehmer als eine helle, blendende Deckenlampe – das schafft eine kalte Atmosphäre. Dimmen Sie das Licht oder verwenden Sie Glühbirnen mit weniger Watt in warmen Farben (gelb oder rot!). Oder besorgen Sie kleine Lampen, bunte Lichterketten oder – für ganz Romantische – Teelichter oder Kerzen.

MUSIK AN Ganz entscheidend ist die Musikwahl und die Lautstärke der Musik. Orientieren Sie sich bei der Musikwahl am Musikgeschmack Ihrer Gäste und (falls es eines gibt) am Partymotto, und achten Sie darauf, dass die Musik anfangs nicht zu laut ist, sodass sich Ihre Gäste noch unterhalten können. Wenn Sie keine eigene Playlist erstellen wollen, suchen Sie eine passende bei einem Streaming-Dienst.

222 ABWASCHEN LASSEN

Der Tag der großen Party steht vor der Tür – und auf einmal packt Sie die Panik, weil Ihnen bewusst wird, dass Sie 50 feierwütige Partygäste mit Martinis versorgen möchten, aber gar nicht so viele Gläser haben? Es ist trotzdem nicht notwendig, auf Plastikbecher auszuweichen, denn es gibt eine unkomplizierte und elegante Lösung: Leihen Sie sich Gläser, zum Beispiel von einem Partyverleih.

Je nachdem, was Sie alles brauchen, müssen Sie die Gläser eventuell selbst abholen – wenn Sie allerdings auch Tische, Stühle und Geschirr ausleihen möchten, sind Lieferung und Abholung meist im Preis inbegriffen. Sie haben eine Cateringfirma engagiert? Fragen Sie nach, ob sie auch Gläser verleiht!

Und das Beste daran? Nach einer langen Partynacht müssen Sie sich nicht mit dem Abwasch beschäftigen – viele Firmen nehmen nämlich praktischerweise auch ungereinigte Gläser zurück.

223

DRINKS VORMIXEN

So gut wie jeder Cocktail kann bereits im Vorhinein gemixt werden – vor dem Servieren wird dann nur noch Eis hinzugegeben und geshaked oder umgerührt. Folgendes ist zu beachten, wenn Sie Drinks vormixen möchten.

Cocktails mit Zutaten wie Eiweiß oder Sahne kann man nicht vormixen, da sie sofort serviert werden sollten. Außerdem müssen sie relativ lang geshaked werden, damit sie die richtige Textur bekommen. Wenn Sie eine große Party planen, greifen Sie also lieber auf andere Cocktails zurück – zum Glück ist die Auswahl ja groß genug!

Mischgetränke wie Limonaden, Sekt oder Mineralwasser möglichst gut gekühlt aufbewahren (so verfliegt die Kohlensäure nicht so schnell) und die vorbereiteten Drinkmischungen erst kurz vor dem Servieren mit dem jeweiligen spritzigen Begleiter aufgießen.

224

MIT MISCHVERHÄLTNISSEN ARBEITEN

Es ist Ihnen zu aufwendig, die Mengenangaben jedes einzelnen Cocktails auswendig zu lernen? Es gibt einen einfachen Trick, um dem zu entkommen: Arbeiten Sie mit Mischverhältnissen! Es gibt zwar Abweichungen, aber meist gibt es für jede Kategorie von Drinks ein grundsätzliches Mischverhältnis, an dem man sich orientieren kann. Das Grundrezept für Sours (Nr. 046) besteht etwa aus 2 Teilen Spirituose und je einem ¾ Teil Zitrussaft und Süßungsmittel. Das ist Ihnen noch immer zu kompliziert? Dieses Mischverhältnis könnte man auch als 8:3:3 ausdrücken. Das ist jetzt aber einfach genug, oder?

225

IM EIMER? AUF JEDEN FALL!

Wenn Sie nicht gerade einen Bekannten haben, der Sie mit Gastrozubehör versorgen kann, ist es nicht ganz so einfach, an Behälter zu kommen, in denen sich Drinkmischungen (Nr. 226) in großen Mengen zubereiten lassen. Jetzt heißt es kreativ werden! Eine gute Adresse ist der Baumarkt: Hier findet man preiswerte Plastikeimer in allen Größen und sogar mit Deckel – das Einzige, was es dabei zu beachten gilt ist, dass das Plastik frei von Weichmachern und Phthalaten sowie BPA-frei ist. Und dann? Brauchen Sie nur noch genug Platz im Kühlschrank!

226

DIE MISCHUNG MACHT'S

Sie möchten mit Ihren Barkeeperskills glänzen, aber sich trotzdem die Arbeit erleichtern? Dann machen Sie doch einfach aus einem Cocktail mit sechs Zutaten einen mit zwei – indem Sie eine Drinkmischung zubereiten. Dafür werden die nichtkohlesäurehaltigen Zutaten wie Spirituosen, Liköre, Süßungsmittel und Sirupe bereits im Vorfeld gemixt und anschließend nur noch mit dem jeweiligen Filler aufgegossen. Um das richtige Mischverhältnis zu erhalten, empfiehlt es sich, im Vorfeld einmal die nichtkohlesäurehaltigen Zutaten für eine Portion des Cocktails abzumessen – so können Sie anschließend einfach die passende Menge der vorbereiteten Mischung ins Glas geben und aufgießen!

227 HERZLICH WILLKOMMEN(SDRINK)!

Schon klar: Sie möchten Ihre Gäste am liebsten gleich mit einem frischen selbstgemixten Cocktail begrüßen – aber das dauert und Sie werden sicher bald eine lange Schlange vor der Bar haben. Wenn das Motto Ihrer Party nicht gerade Schlangestehen ist, gilt es zu vermeiden, dass jeder Gast ewig auf seinen ersten Drink warten muss!

Mixen Sie den Willkommensdrink am besten vor – so haben Sie die Hände frei und können jeden Gast ganz in Ruhe persönlich begrüßen. Wenn Sie ganz sicher gehen wollen, dass wirklich genug Zeit ist, mit jedem Gast einige Worte zu wechseln, stellen Sie einen kleinen Tisch mit Bowle, Bottled (also in hübschen Flaschen abgefüllten) Cocktails oder Jelly Shots im Empfangsbereich bereit, so kann jeder nach Lust und Laune zugreifen, und der erste Durst der Gäste ist auf jeden Fall gestillt. Und Sie haben so außerdem mehr Zeit, für Last-Minute-Vorbereitungen – denn ganz egal, wie gut man plant, irgendwas vergisst man immer!

Wenn Sie wirklich jedem Gast einen selbstgemixten Cocktail servieren möchten, bereiten Sie Drinkmischungen vor. Die Mischung dann einfach in den Shaker geben, mit Eis auffüllen, shaken, mit dem jeweiligen Filler aufgießen und mit frischen Früchten garniert servieren.

228

EISWÜRFEL MAL ANDERS

Eiswürfel sind eine tolle Möglichkeit, um Drinks kreativ und lecker aufzupeppen: In Stücke geschnittene Zitrusfrüchte, Kräuter oder Blüten machen jeden Eiswürfel zu einer kleinen bunten Geschmacksbombe.

Da selbstgemachte Eiswürfel meist etwas trüb sind, sollten Blüten, Kräuter und Zitrusfrüchte möglichst am Rand liegen, damit man sie auch sieht. Am besten, man friert sie in Schichten ein: Einige Blüten, Kräuter oder Zitrusstücke in einen Eiswürfelbehälter geben, etwas Wasser darübergießen und einfrieren. Diesen Vorgang so lange wiederholen, bis die Eiswürfelformen zu etwa drei Vierteln gefüllt sind. Den Rest mit Wasser aufgießen und bis zur Verwendung einfrieren.

229

EISWÜRFEL(N)

Um sicherzustellen, dass Eiswürfel wirklich kristallklar sind, besorgt man am besten große Eisblöcke und zerkleinert diese mit einer Eissäge. Eine Eissäge ist allerdings nicht gerade günstig – und gerade für Anfänger ist das vielleicht auch etwas übertrieben. Im Zweifesfall bleiben Sie einfach bei normalen Eiswürfeln oder bitten Sie einen Eisskulpteur um Hilfe beim Zerkleinern (Nr. 040). Schaden kann es aber trotzdem nicht, zu wissen, wie man einen 150-kg-Eisblock klein kriegt!

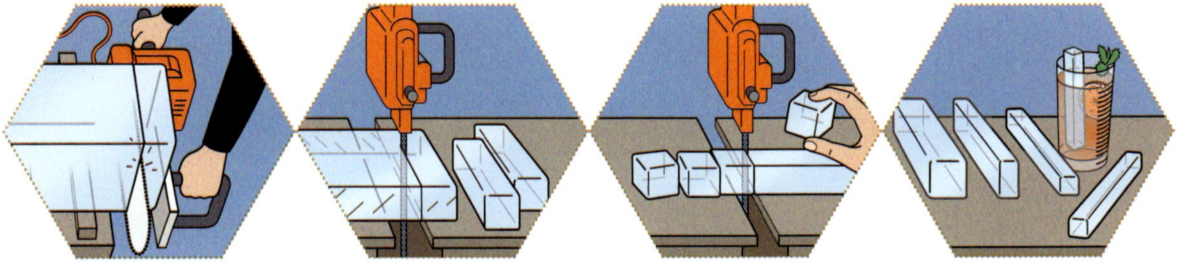

SCHRITT 1 Mit einer elektrischen Kettensäge mit Fräse (auf die gewünschte Dicke eingestellt) Eisplatten vom großen Block schneiden. Die Dicke der Platten bestimmt die Größe der Eiswürfel.

SCHRITT 2 Die Platten mit einer Bandsäge (oder einer Kettensäge) in möglichst quadratische Eissäulen schneiden.

SCHRITT 3 Die Eissäulen anschließend in Würfel schneiden.

SCHRITT 4 Um Eissticks für Collins- oder Highballgläser herzustellen, die Eissäulen einmal halbieren und dann der Länge nach in dünne Stäbe schneiden.

230

FESTFRIEREN VERHINDERN

Nach der ganzen harten Arbeit, die man in das Schneiden der Eiswürfel (oder -sticks) investiert hat, wäre es schade, wenn diese im Gefrierfach zusammenfrieren. Die Lösung? Wodka! Und nein, damit ist nicht gemeint, dass Sie aus Frust über zusammenklebende Eiswürfel Wodka trinken sollen!

Füllen Sie etwas Wodka in eine saubere Sprühflasche und besprühen Sie die Eiswürfel damit von allen Seiten. Wodka friert nicht so schnell wie Wasser, dadurch frieren die Eiswürfel im Gefrierfach nicht aneinander fest!

231

MOCKTAIL STATT COCKTAIL

Ein guter Gastgeber sollte auch einige 1-A-Mocktails (alkoholfreie Cocktails) auf Lager haben! Egal aus welchen Gründen Ihre Gäste keinen Alkohol trinken, sie wollen trotzdem eine gute Zeit haben, sich nicht ausgeschlossen fühlen oder jemandem auf die Füße treten, der sich mit einem Nichttrinker in der Runde vielleicht nicht so wirklich gehen lassen kann.

Es gibt zahlreiche Gründe, keinen Alkohol zu trinken: Vielleicht ist derjenige auf Diät, muss Medikamente einnehmen, ist schwanger oder hat einfach schon am Abend zuvor zu tief ins Glas geschaut! Egal, was es ist, es ist persönlich – und ohne Alkohol geht auch!

Das Aussehen von Mocktails ist mindestens genauso wichtig wie der Geschmack: Sie sollten richtig was hermachen – vom Glas bis zur Garnitur –, schließlich sollen sich die Nichttrinker nicht wie Kleinkinder mit bunten Säften vorkommen!

232

WASSER MIT RICHTIG VIEL GESCHMACK

Eines der wichtigsten Getränke auf jeder Party ist das Wasser – allerdings wird es leider oft stiefmütterlich behandelt. Aber Wasser sorgt nicht nur dafür, dass der Körper mit ausreichend Flüssigkeit versorgt wird (das wichtigste Anti-Kater-Mittel überhaupt!), sondern auch dafür, dass man nicht aus Durst zu viel Alkohol trinkt. Mit nur wenig Aufwand verleihen Sie auch Wasser viel Geschmack – und machen Ihre Partys so nur noch besser!

Einfach Zitronen-, Orangen- oder Limettenschalen, einige Minzeblättchen, Gurkenschalen und andere übriggebliebene Garnituren und zum Schluss noch einige ganze Zitronen- und Gurkenscheiben in einen großen Glaskrug mit Wasser geben – das ist eine echte Augenweide und zugleich ein Gästemagnet! Mit nur wenig Aufwand peppen Sie so langweiliges Wasser auf und verwerten im Sinne der Nachhaltigkeit auch noch übriggebliebene Cocktailzutaten!

233 TIPPS UND TRICKS FÜR ALKOHOLFREIE DRINKS

Auch für nichtalkoholische Cocktails gibt es ein paar Grundsätze: Sie sollten eher trocken, ausgewogen im Geschmack und – wie alle Ihre Kreationen – einfach köstlich sein!

DOS

- Mocktails sollten eher trocken sein, denn das sorgt dafür, dass die Gäste sie nicht einfach nur in sich hineinschütten – und dass einem wie bei einem herben Cocktail ein angenehmer Schauer über den Rücken läuft!
- Auch bei nichtalkoholischen Drinks gilt es, auf das perfekte Zusammenspiel von Geschmack, Balance und Verdünnung zu achten.
- Mocktails am besten in Collins- oder Highballgläsern servieren – hier darf es gerne etwas mehr sein!
- Greifen Sie zu den Zutaten, die Sie sowieso in Ihrer Bar haben: frische Säfte, Sirupe und Cocktailbitter sind perfekt für Mocktails.
- Orientieren Sie sich an gängigen Mischverhältnissen (z. B. für Sours), wenn Sie Mocktails kreieren.

DON'TS

- Achtung vor der „Virgin-Falle“! Meist reicht es nicht, bei einem Cocktail einfach die Spirituose wegzulassen, um einen guten Mocktail zu mixen.
- Mineralwasser auf Eis ist noch kein Mocktail! Servieren Sie Ihren Gästen unvergessliche Drinks, von denen sie noch lange schwärmen.
- Hände weg von kleinen Gläsern, egal wie hübsch sie sind. Mocktails sind meist schnell leer – und Sie den ganzen Abend mit Nachschenken beschäftigt!
- Vergessen Sie bei den Partyeinkäufen nicht die nichtalkoholischen Drinks – besorgen Sie genug Säfte, Sirupe und Mischgetränke!
- Lassen Sie die Drinks nicht zu süß werden! Variieren Sie stattdessen die Zutaten: Auch Tonics, Mineralwasser und Ginger Beer eignen sich für Mocktails.

234

BITTER MACHT FREUDE

Die Geister scheiden sich, wenn es darum geht, Cocktailbitter für Mocktails zu verwenden – denn Bitter enthalten meist Alkohol. Allerdings kommen sie in so geringen Mengen zum Einsatz, dass der Alkoholgehalt kaum nachweisbar ist. Bitter geben jedem einfachen (alkoholfreien) Drink Tiefe und Komplexität – fragen Sie aber sicherheitshalber vorher Ihre Gäste, ob Cocktailbitter okay ist (falls jemand aufgrund einer Allergie oder aus ethischen Gründen absolut auf Alkohol verzichtet!). Auf dieser Seite finden Sie einige echte antialkoholische Gaumenfreuden!

235 SAINT TIKI

6 cl Orangensaft

6 cl Ananassaft

2,2 cl Limettensaft

1,5 cl Zimt-Zuckersirup 1:1

2 Spritzer Tiki-Bitter (optional)

Ginger Beer

Minzezweig

Orangen-, Ananas- und Limettensaft, Zimt-Zuckersirup und (wenn verwendet) Bitter in einen Cocktail-Shaker geben, mit Eiswürfeln auffüllen und 8–10 Sekunden kräftig shaken. Den Drink in ein gekühltes Coupette- oder Martiniglas seihen, mit Ginger Beer aufgießen und den Minzezweig als Garnitur ins Glas geben.

236 FAUX-LOMA

6 cl Grapefruitsaft

3 cl Limettensaft

3 cl Zuckersirup 1:1

Sodawasser oder Grapefruitlimonade

Limettenspalte

Grapefruit-, Limettensaft und Zuckersirup in einen Cocktail-Shaker geben, mit Eiswürfeln auffüllen und 8–10 Sekunden kräftig shaken. Den Drink in ein mit Eiswürfeln gefülltes Collins- oder Highballglas seihen, mit Sodawasser (oder Grapefruitlimonade) aufgießen und die Limettenspalte ins Glas geben.

237 HONEYBEE FIZZ

6 cl Zitronensaft

4,5 cl Honig-Zuckersirup 2:1

Sodawasser

2 Spritzer Angosturabitter (optional)

Cocktailkirsche

Zitronensaft und Honigsirup in ein mit Eiswürfeln gefülltes Collins- oder Highballglas geben, verrühren, mit Sodawasser aufgießen und den Angosturabitter und die Kirsche ins Glas geben.

238

WILD MULE

3 cl Limettensaft

1,5 cl Zuckersirup 1:1

Ginger Beer

Limettenscheibe

➔ *Limettensaft und Zuckersirup in einen mit Eiswürfeln gefüllten Kupferbecher oder ein Old-Fashioned-Glas geben, mit Ginger Beer aufgießen und die Limettenscheibe dazugeben.*

USBG | VIZEPRÄSIDENT USBG NORDOSTEN

✦ JONATHAN POGASH ✦

Vorsitzender/Besitzer | The Cocktail Guru, Inc.

239 MELONE-INGWER-JELLY SHOTS

Wer liebt Jelly Shots nicht – sie sind echte Gute-Laune-Garanten! Ein optisches Highlight sind Jelly Shots, die in Früchten zubereitet werden – statt Melone eignen sich auch andere Früchte mit Schale wie Zitronen (siehe Bild), Limetten oder Orangen! Bedenken Sie bei der Zubereitung, dass die Shots weniger süß schmecken, wenn sie fest sind, also süßen Sie die Flüssigkeit im Zweifelsfall lieber etwas mehr.

1 Wassermelone (klein)
125 ml Zitronenlimonade
250 ml Wassermelonensaft
250 ml Ingwerlikör
250 ml Lillet Rosé (Aperitifgetränk)
125 ml kaltes Wasser
2 TL Gelatinepulver (1 Briefchen)
150 ml heißes Wasser
Hibiskus-Meersalz (oder einfaches Meersalz)

➜ *Die Melone halbieren und mit einem Löffel aushöhlen. Den Saft auffangen – den können Sie für die Jelly Shots verwenden! Bei jeder Melonenhälfte unten eine schmale Scheibe abschneiden, damit sie stabil steht – aber Vorsicht: Kein Loch in die Schale schneiden!*

➜ *Zitronenlimonade, Melonensaft, Ingwerlikör und Lillet in eine Schüssel geben, verrühren und beiseitestellen.*

➜ *Kaltes Wasser und Gelatine in eine hitzebeständige Schüssel geben und verrühren. Das kochende Wasser dazugeben und umrühren, bis sich die Gelatine aufgelöst hat. Die Melonensaft-Ingwer-Mischung dazugeben und gut verrühren. Die Flüssigkeit in die ausgehöhlten Melonenhälften gießen und über Nacht kaltstellen.*

➜ *Wenn die Flüssigkeit fest ist, mit einem scharfen Messer „Melonenscheiben“ abschneiden, jede Scheibe mit etwas Salz bestreuen und mit einem Dessertlöffel servieren. Ergibt etwa 24 Portionen.*

240 VEGETARISCHE VARIANTE

Gelatine ist ein tierisches Produkt, das aus Nebenprodukten der Fleischproduktion wie Haut oder Knochen gewonnen wird. Vegetarier, Veganer und Gläubige, deren Religion ihnen den Fleischkonsum verbietet, können Gelatine also nicht essen. Zum Glück gibt es pflanzliche Ersatzprodukte wie Agar-Agar, die genauso gut funktionieren wie Gelatine. Der einzige Unterschied: Die Shots sind etwas fester und bröseliger als bei der tierischen Variante. Wenn Sie statt Gelatine Agar-Agar verwenden möchten, ersetzen Sie einfach jeden EL Gelatine durch einen TL Agar-Agar, und erhitzen Sie das Agar-Agar-Pulver zusammen mit der angegebenen Menge an heißem Wasser.

241 DIE HABEN ES RICHTIG IN SICH!

Von all den Möglichkeiten, wie man Alkohol genießen kann, wird nichts so leicht unterschätzt wie Jelly Shots. Während man die Wirkung des Alkohols bei einem normalen Cocktail ziemlich schnell merkt, haben es Jelly Shots richtig in sich: Sie sind unberechenbar, denn die Wirkung des Alkohols setzt erst viel später ein. Also lieber nicht zu viele auf einmal essen – wenn Sie auch noch etwas anderes trinken möchten, reichen zwei pro Abend –, denn irgendwann macht sich der Alkohol doch bemerkbar.

242 SÜSSE GLÜCKLICHMACHER: BOURBON BALLS

Diese Bourbon-Pralinen, eine Spezialität aus den Südstaaten der USA, schmecken am besten, wenn Sie etwas durchziehen können. Allzu lange sollten Sie aber auch nicht warten, denn irgendwann verflüchtigt sich der Whiskey und die Kugeln werden brüchig. Statt Whiskey eignet sich auch jede andere Spirituose – verwenden Sie, was Ihnen am besten schmeckt!

1 Packung Vanillewaffeln (400 g), in Stücke gebrochen

180 g Zartbitterschokolade, fein gehackt

125 g brauner Zucker

90 g heller Maissirup

9 cl Bourbon

1 Prise Salz

300 g Pekannüsse, leicht geröstet und fein gehackt

Die Vanillewaffeln in einen Zippbeutel geben und mit einem Nudelholz fein zerstoßen. Die Schokolade unter Rühren über dem Wasserbad schmelzen und anschließend in eine Schüssel geben. Zucker, Maissirup, Bourbon und Salz und dann nach und nach die Waffeln und die Hälfte der gehackten Pekannüsse dazugeben und alles gut vermischen.

Die übrigen gehackten Nüsse auf einen flachen Teller geben, aus dem Teig etwa 2,5 cm große Kugeln formen und in den gehackten Nüssen wälzen.

Die Pralinen in ein luftdicht verschließbares Behältnis schichten, dabei zwischen jede Schicht Pralinen eine Schicht Backpapier geben, und mindestens 24 Stunden kaltstellen. Ergibt etwa 48 Pralinen.

KATE BOLTON ✦ Barmanagerin | Americano

243 DRINK- UND FOODPAIRING

Es ist gar nicht so einfach, Gerichte zu finden, die man zu Cocktails servieren kann, denn die kräftigen Aromen und der Alkohol der Drinks können andere delikatere oder feine Aromen übertünchen. Hier ein paar Anregungen für gelungenes Drink- und Foodpairing.

GESCHMACKSEXPERIMENTE Verwenden Sie Zutaten wie Pistazien, Senf und Hopfen oder Gewürze wie Langen oder rosa Pfeffer für Infusionen, Tinkturen oder Sirupe. Der Fantasie sind keine Grenzen gesetzt und es gibt so viele tolle Kombinationen: Wie wäre es zum Beispiel mit einem Absinth-Sorbet, einem Sirup mit gegrillten Erdbeeren oder mit brauner Butter aromatisiertem Cognac?

FÜR ABWECHSLUNG SORGEN Einige Aromen – wie Ingwer, Mandel, Zitrone, Anis und schwarzer Pfeffer – passen zu so gut wie jedem Cocktail. Aber deshalb müssen sie nicht gleich in jedem Gericht und Getränk landen, das kann schnell langweilig werden. Versuchen Sie stattdessen, Zutaten durch solche mit ähnlichen Aromen zu ersetzen – z. B. Fenchel oder Thaibasilikum statt Absinth und Haselnusssirup statt Mandel-Orgeat.

KOMPLEMENTÄRE AROMEN WÄHLEN Wie bei einem tollen Outfit, geht es auch beim Drink- und Foodpairing darum, komplementäre Aromen zu wählen. Wenn ein Gericht Rosmarin enthält, verwenden Sie im Cocktail harmonierende Kräuter wie Thymian. Und zu tomatigen Gerichten passen Erdbeeren – die chemische Zusammensetzung und die Geschmacksprofile von Tomate und Erdbeere sind ziemlich ähnlich, daher lassen sie sich toll kombinieren, ohne sich zu ähnlich zu sein.

DIE RICHTIGE KOMBINATION Eigentlich kann man sich die Wahl des richtigen Cocktails ein bisschen wie die Wahl des richtigen Weins vorstellen: Zu leichten Gerichten mit Fisch oder Meeresfrüchten passen eher leichte, säuerlich-spritzige Drinks wie Weincocktails oder Daiquiris. Zu Gebratenem oder Fleisch passen reichhaltigere und herbere Drinks wie etwa ein Manhattan. Drinks mit hohem Alkoholgehalt sind (wie immer!) mit Vorsicht zu genießen: Zu viel Alkohol kann die Aromen der im Essen enthaltenen Lebensmittel übertünchen.

UND ZUM DESSERT? Wenn Sie auch zum Dessert den passenden Drink servieren möchten, achten Sie darauf, dass der Cocktail süßer ist, als das jeweilige Dessert – sonst schmeckt er im Zusammenspiel mit den süßen Naschereien schnell zu langweilig und fad.

244

DER MENSCH LEBT NICHT VOM ALKOHOL ALLEIN

In vielen Kulturen wird zu Getränken immer auch eine Kleinigkeit zum Essen gereicht. In Japan gibt es die *Izakayas,* in Spanien die Tapas Bars und in Südkorea *Hofs* oder *Sul-jips.* Die überall dort servierten Snacks oder kleinen Häppchen unterstützen dabei den Geschmack des jeweiligen Drinks – und vertrauen Sie uns: Wenn frittiertes Hühnchen auf Soju trifft, macht das Bauch und Herz glücklich! In mexikanischen Cantinas gibt es *Botanas* – kleine Snacks, die mit jedem servierten Drink größer und herzhafter werden. Und in Italien werden zum Aperitivo Oliven, Chips und andere Snacks zu Spritz und anderen Aperitifdrinks serviert – bittere Aromen und reichhaltiges Essen passen erstaunlich gut zusammen!

Was man auf jeden Fall vermeiden sollte, ist, das Abend- oder sogar das Mittagessen durch Drinks zu ersetzen – das ist das besten Rezept, um für jede Menge Ärger zu sorgen, ganz abgesehen von dem unglaublichen Kater, der einen am nächsten Morgen erwartet. Also: Vergessen Sie nicht zu essen, denn der Mensch lebt nicht von Alkohol allein!

245

SCHICHT UM SCHICHT

Die Garnitur muss nicht zwingend auf den Glasrand gesteckt oder ganz zum Schluss ins Glas gegeben werden. Drinks mit Eis – vor allem Longdrinks – sehen toll aus, wenn abwechselnd Eiswürfel und Kräuter oder dünne Obst- oder Gemüsestreifen ins Glas geschichtet werden.

Bevor es losgeht, bereiten Sie die gewünschten Zutaten vor: gewaschene frische Kräuter, dünne Gurken-, Zitrus- oder sogar Apfelscheiben – was immer Ihnen schmeckt. Verwenden Sie eine Barzange, und schichten Sie abwechselnd Eis und Kräuter oder Obst locker ins Glas. Anschließend mit den flüssigen Zutaten aufgießen.

USBG | ORTSVERBAND SAN FRANCISCO ✦ **JENNIFER COLLIAU** ✦ Inhaberin Small Hand Foods

246 { JE KÄLTER, DESTO BESSER }

Vielleicht ist es Ihnen schon aufgefallen: Spirit Forwards oder pure Spirituosen werden in manchen Bars mit Eiskugeln oder großen Eiswürfeln (die manchmal kaum ins Glas passen) serviert. Dadurch ist die Eisoberfläche im Glas kleiner und der Drink verwässert nicht so schnell. Eine Handvoll Eiswürfel hat die größte Oberfläche, eine einzelne Eiskugel die geringste – na ja, zumindest fast! Warum nur „fast"? Weil es eigentlich am allerbesten ist, gleich das ganze Glas einzufrieren – so bildet sich im Glas eine dünne Eisschicht, die perfekt kühlt und zugleich kaum für Verdünnung sorgt. Achten Sie aber unbedingt darauf, nur stabile, dickwandige Gläser einzufrieren.

247

ARSENIC & OLD LACE

Vielleicht saßen Sie auch schon einmal fasziniert vor einem geschichteten Cocktail und haben sich gefragt, wie das eigentlich funktioniert? Der Trick dabei: Man verwendet Flüssigkeiten unterschiedlicher Dichte, so vermischen sich die Schichten nicht. Ganz grundsätzlich gilt dabei: Je höher der Alkoholgehalt, desto leichter die Zutat; je süßer die Flüssigkeit, desto schwerer ist sie.

Diese Interpretation des klassischen Arsenic & Old Lace aus den 1940ern, der nach dem beliebten Stück (und dessen Verfilmung) *Arsenic and Old Lace* von Joseph Kesserling benannt ist, erzählt während dem Trinken eine Geschichte. Es beginnt mit dramatischen schweren Anisaromen und einem Hauch Zitrone, es folgen fruchtiger Gin und Wermut und zum Schluss überraschen – ganz in alter Hollywoodmanier – süße und blumige Nuancen.

1,5 cl Absinth

4,5 cl Gin (bevorzugt eine mildere Variante)

4,5 cl trockener Wermut

2 Spritzer Orangenbitter

1,5 cl Crème de Violette

➜ **Schritt 1** Den Absinth in ein mit Eiswürfeln gefülltes Glas geben und rühren, bis er trüb wird – aufgrund des sogenannten Louche-Effekts trüben anishaltige Spirituosen bei der Zugabe von Wasser! Beiseitestellen. Das wird später das „Spitzenhäubchen" („Lace").

➜ **Schritt 2** Gin, Wermut und Bitter in ein mit Eiswürfeln gefülltes Rührglas geben, 20–30 Sekunden rühren, bis das Glas beschlägt, und die Mischung anschließend in ein kleines Weißweinglas seihen.

➜ **Schritt 3** Den Crème de Violette über den Rücken eines Barlöffels in das Glas gießen. So rinnt der Alkohol langsam und gleichmäßig ins Glas und sammelt sich am Boden. Das ist das „Arsen" („Arsenic").

➜ **Schritt 4** Einen Strohhalm in das Glas mit Absinth geben und oben mit der Zeigefingerkuppe verschließen – unten im Strohhalm sollte sich jetzt etwas Absinth befinden. Den Absinth so nach und nach in das Weinglas geben – er lässt Schlieren entstehen, die an Spitze erinnern. Statt des Strohhalms können Sie auch eine Pipette verwenden – seien Sie dabei in keinem Fall zu zaghaft, der Absinth soll schließlich nicht nur obenauf schwimmen.

248 IN 80 DRINKS UM DIE WELT

Viele Länder sind für einen ganz bestimmten Drink bekannt. Manche dieser Klassiker haben mittlerweile die ganze Welt erobert, andere werden hauptsächlich innerhalb der Landesgrenzen getrunken. Hier ist unsere Auswahl der beliebtesten landestypischen Cocktail-Klassiker!

KANADA
Der Caesar, der am ehesten mit einer Bloody Mary (Nr. 183) verglichen werden kann, ist ein absoluter Klassiker in Kanada: Er besteht aus Wodka, Clamato (Tomatensaft mit Muschelfond), Chili-Sauce, Sellerie und Limette.

KUBA Mojito natürlich (Nr. 165)! Was sonst!?

MEXIKO
Der in Mexiko beliebte Paloma ist ein Tequila-Cocktail mit Grapefruitsaft, Sodawasser, Zitronensaft und Zuckersirup.

NICARAGUA
Das Nationalgetränk in Nicaragua ist der nach einem tropischen Vogel benannte El Macuá – aus Rum, Guaven- und Zitronensaft und Zuckersirup.

ECUADOR
Der Canelazo ist ein Heißgetränk aus Fruchtsäften, Zimt, braunem Zucker, Wasser und Rum. Er wird in Ecuador traditionell zu Weihnachten getrunken.

BRASILIEN
Das brasilianische Nationalgetränk ist der Caipirinha aus Limetten, Zucker und Cachaça (Nr. 115).

GROSSBRITANNIEN Der Pimm's Cup wird in Großbritannien schon seit dem 18. Jahrhundert serviert: Der Likör auf Ginbasis wird mit Limonade und Mineralwasser aufgegossen und mit frischen Gurkenscheiben, Zitrusfrüchten und Erbeeren serviert.

BELGIEN Der Black Russian wurde in Brüssel erfunden: Die Kombination aus Wodka und Kaffeelikör ist nichts für schwache Nerven!

DEUTSCHLAND Der Gin Basil Smash kommt aus Hamburg: Hier trifft Gin auf Basilikum, Zitrone und Zuckersirup.

ITALIEN Wenn man sich am Nachmittag auf eine italienische Piazza verirrt, dauert es nicht lange, bis man einen Aperol Spritz in den Händen hält. Der italienische Klassiker sorgt auch zu Hause für Feierabendstimmung: Alles, was Sie brauchen, ist Prosecco, Aperol, Mineralwasser und eine Orangenscheibe zum Garnieren.

SÜDKOREA Bestellen Sie unbedingt einen Subak-Soju – eine Mischung aus Soju (destillierter Reislikör), Wassermelonen- und Limettensaft.

TÜRKEI Für den Lion's Milk (Löwenmilch) wird Raki, ein aus Weintrauben zweifach destillierter Anisée (Spirituose mit Anisaroma), mit Wasser aufgegossen. Dieser Drink haut selbst die trinkfestesten Partylöwen um!

SPANIEN
In Spanien liegt man mit einem Sangria (Nr. 177) oder einem guten spanischen Wein immer richtig. Abgesehen von Sangria gibt es noch einen weiteren Sommerwein: den Tinto de Verano, ein Gemisch aus Rotwein, Zitronen- und Limettensaft und Sodawasser (Zur Not tut's auch Wein mit Zitronenlimonade!).

ÄTHIOPIEN Der Tej ist ein süß-scharfer Honigwein, der aus Honig, Wasser und bei der Gärung zugesetzten Stängeln und Blättern des Gesho-Strauchs (Afrikanischer Faulbaum) besteht.

GRIECHENLAND Das Nationalgetränk der Griechen, der Ouzo, wird grundsätzlich nur mit Wasser gemischt, wodurch er aufgrund der enthaltenen Anisaromen milchig-trüb wird – und mehr braucht er auch gar nicht!

THAILAND Thailand ist die Heimat zahlreicher Drinks, aber der süß-scharfe Siam Sunray aus Wodka, Kokoslikör, Zuckersirup, Ingwer, Zitronengras, Limettensaft, Mineralwasser, Kaffirlimettenblättern und Thai-Chilis ist bei Einheimischen besonders beliebt.

249

PUNCH – ODER DOCH BOWLE?

Das englische Wort Punch kommt vom Sanskrit-Wort *pañc,* auf Deutsch „fünf". Traditionell besteht ein Punch aus fünf Grundzutaten: einer Spirituose, Zitrussaft, Süßungsmittel, Wasser und Tee oder Gewürzen. Hierzulande versteht man unter einem Punsch allerdings eher ein Heißgetränk, die gekühlte Variante nennt man Bowle.

Und die Bowle ist vor allem auf (Garten-)Partys ein echter Klassiker. Mit einer Bowle kann man nichts falsch machen, sie ist einfach vorzubereiten und sorgt dafür, dass die Gläser nie leer werden, weil sich einfach jeder selbst bedienen kann. Und das Beste: Sie lässt sich im Vorhinein zubereiten – so haben Sie alle Zeit der Welt, um sich mit Ihren Gästen zu unterhalten.

250

FISH HOUSE PUNCH

Diese Bowle-Variante wurde zum ersten Mal 1732 in der Schuylkill Fishing Company, einem Fischerclub in Philadelphia, der auch als „Fish House" bekannt ist, serviert.

875 ml Wasser

250 g Zucker

375 ml frischer Zitronensaft (6–8 Zitronen), durch ein feines Sieb gegossen

eine 750-ml-Flasche jamaikanischer Amber Rum

350 ml Cognac

6 cl Pfirsich-Brandy

8 Zitronenscheiben

Wasser und Zucker in eine große Schüssel geben und verrühren, bis sich der Zucker aufgelöst hat. Zitronensaft, Rum, Cognac und Brandy dazugeben, gut verrühren, abdecken und kaltstellen. Zum Servieren einen großen Block Eis in eine Servierschüssel geben und den Punch und die Zitronenscheiben dazugeben.

251

OLEO SACCHARUM? ZITRONENWUNDER!

Der Name klingt zwar eher wie die wissenschaftliche Bezeichnung für eine tropische Pflanze, aber eigentlich ist Oleo Saccharum einfach nur ein mit Zitronenschale aromatisierter Zuckersirup. Er verleiht Bowlen aber auch Cocktails eine tolle Farbe und unglaublich frisch-fruchtigen Geschmack!

Und so geht's: Mit einem Gemüseschäler die Schale von sieben Zitronen abziehen. Die Zitronenschalen mit 250 g Zucker in eine Schüssel geben und mit einem Stößel zerdrücken. Die Mischung in einen Zippbeutel geben und einige Stunden ziehen lassen, bis sich der Zucker aufgelöst hat – zugleich werden so die intensiven Zitrusöle der Zitronenschalen freigesetzt. Voilà!

252

SELBSTGEMACHTER TEESIRUP

Aufgrund der Tannine verleiht Tee klassischen Cocktails eine besondere Note – und dieser Sirup bietet zugleich eine weitere Möglichkeit, um die aromatischen Zitrusöle aus der Schale ins Glas zu bringen. Nehmen Sie kleine Veränderungen an Ihrem Lieblings-Bowlerezept vor und überraschen Sie Ihre Gäste mit interessanten Aromen!

So viel Wasser wie im Rezept angegeben aufkochen, dann von der Hitze nehmen und Earl-Grey-Tee, Zitronenschale und Zucker (halten Sie sich auch hier an die im Rezept angegebene Menge) dazugeben, gut verrühren, abdecken und abkühlen lassen.

Den abgekühlten Teesirup mit den übrigen Zutaten in eine Schüssel geben und wie angegeben fortfahren!

253 GROSSARTIGE GARNITUREN

Meist hat man alles, was man für kreative Cocktail-Garnituren braucht, sowieso schon in der Küche: ein Gemüseschäler, ein scharfes Küchenmesser und ein Zestenreißer – mehr braucht man gar nicht. Für etwas ausgefallenere Garnituren lohnt es sich, ein Ziseliermesser zu kaufen – mit diesem lassen sich lange Schalenspiralen abziehen. Mit diesen Garnituren verleihen Sie Ihren selbstgemixten Cocktails den letzten Schliff!

GEZUCKERTE MINZEBLÄTTER

Mit Puderzucker bestäubte Minzeblätter sind die perfekte Garnitur für alle Cocktails mit Minzearomen – sieht nicht nur unglaublich toll aus, sondern sorgt auch für noch mehr süße Minzaromen!

GURKENROSEN

Eine Gurken der Länge nach in dünne Scheiben schneiden und diese dann zu Rosen drehen – oder einfach locker gerollt im Glas drapieren.

ZITRUSROSEN

Hübsch, oder? Siehe Nr. 255!

ZITRUSSPALTEN

Zitrusfrüchte einmal der Länge nach halbieren und in Spalten schneiden. Die Spalten dann noch einmal quer einschneiden, so lassen sie sich auf den Rand des Glases stecken.

TWISTS MIT TWIST

Versehen Sie Ihre Twists mit einem Twist! Mithilfe einer gezackten oder einer anderen Bastelschere werden Twists zu echten Hinguckern!

ZITRUSSCHEIBEN

Zitrusfrüchte mit einem scharfen Messer in dünne Scheiben schneiden. Noch dünner werden die Scheiben mit einem Gemüseschäler oder -hobel!

ZITRUSTWISTS

Siehe Nr. 256.

FÄHNCHEN

Einen Twist um eine Cocktailkirsche legen und mit einem Cocktailspieß feststecken.

254 GARNIEREN WIE EIN PROFI

Ganz grundsätzlich ist eine Garnitur eine Verzierung, die einen Cocktail visuell ansprechend macht und dadurch aufwertet. Zucker- oder Salzrand, frische Kräuter, aromatische Zitrusschalen, eingelegtes Gemüse, duftende Blüten oder kandierte Früchte sorgen außerdem für zusätzliche Aromen. Aber sogar Dekoelemente wie Strohhalme (z. B. aus Metall!), Papierschirmchen oder besondere Gläser zählen als Garnitur – denn auch sie sorgen dafür, dass sich das Auge freut!

Garnituren waren während der Prohibition besonders beliebt: Durch sie versuchte man von Spirituosen minderer Qualität oder verwässerten Drinks abzulenken. Heutzutage sind Garnituren für viele Barkeeper genauso wichtig wie der Geschmack der Cocktails – denn wie beim Essen gilt auch hier: Das Auge „trinkt" mit!

Bevor Sie sich kreativ austoben, finden Sie auf dieser Seite die Basics.

255 ROSIGE ZEITEN

Rosen aus Gurken- oder Zitrusschalen sind ganz einfach herzustellen: Einfach ein langes Stück Schale abschneiden und um den Zeigefinger rollen. Die eingerollte Schale vom Finger nehmen, die Rose an einem Ende fest zusammendrücken und mit einem Cocktailspieß feststecken.

256 TWIST UND SPIRALE

Die meisten Garnituren kann man getrost am Vortag vorbereiten und im Kühlschrank aufbewahren. Frische Kräuter am besten in ein angefeuchtetes Geschirrtuch wickeln und ebenfalls im Kühlschrank aufbewahren.

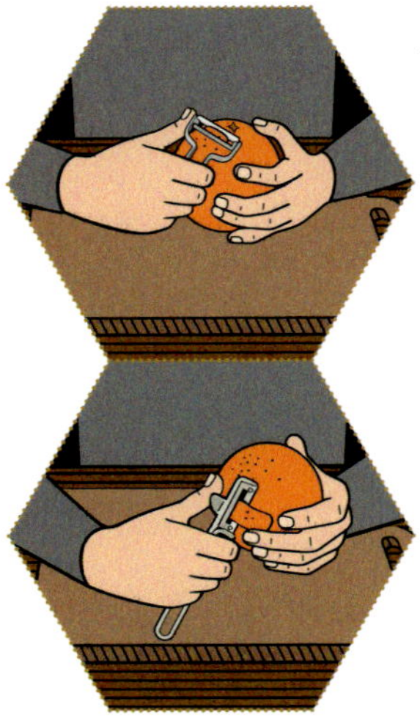

TWIST Nichts ist leichter und vielseitiger als ein Zitrustwist – und hat man den Dreh einmal heraus, lassen sich Twists im Handumdrehen zubereiten!

SCHRITT 1 Mit einem Gemüseschäler der Länge nach Streifen von der Schale einer Zitrusfucht abziehen. Achten Sie darauf, nicht zu fest aufzudrücken und möglichst wenig des bitteren weißen Fruchtfleisches zu erwischen.

SCHRITT 2 Während des Schälens mit Mittel- und Ringfinger der Hand, mit der Sie die Frucht halten, den oberen Teil des Twists festhalten.

SPIRALE Die Spirale ist sozusagen die Fortgeschrittenenversion des Twists. Das Wichtigste hierbei ist, dass der Schäler richtig scharf ist. Anstatt eines Gemüseschälers können Sie auch ein Ziseliermesser verwenden.

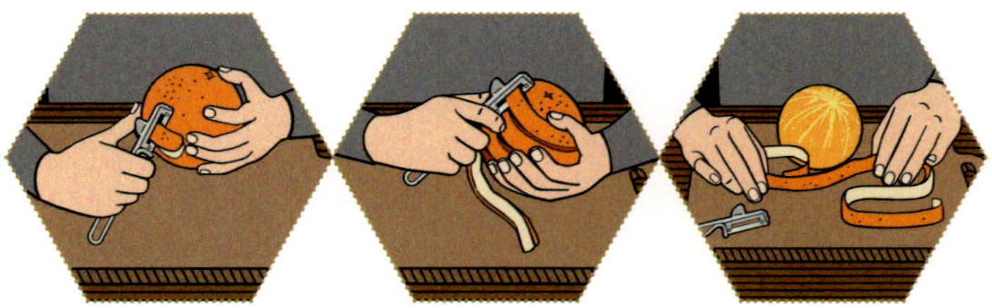

SCHRITT 1 Die Frucht mit einer Hand so festhalten, dass Sie die Frucht bequem um eine gedachte Längsachse drehen können.

SCHRITT 2 Die Schale von unten her spiralförmig abziehen, dabei die Frucht langsam drehen.

SCHRITT 3 Das lange Schalenstück, das auch Horse's Neck („Pferdehals") genannt wird, leicht einrollen und als Garnitur ins Glas geben.

257

FLÜGEL VERLEIHEN

Für diese aufwendige Flügelform braucht es etwas mehr Übung – aber das Ergebnis ist es auf jeden Fall wert!

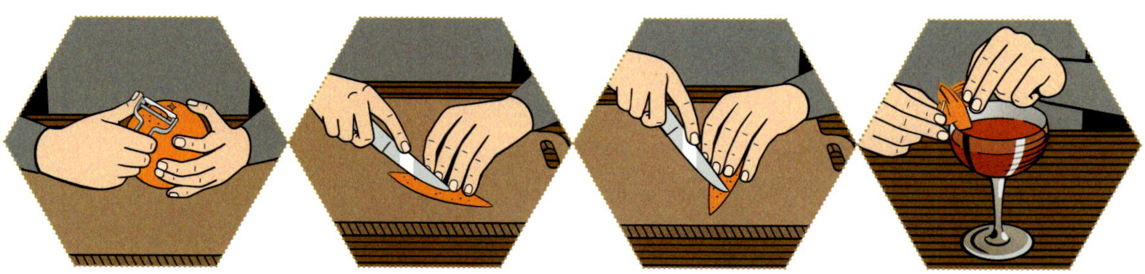

SCHRITT 1 Ein etwa 10 cm langes Stück Zitrusschale abziehen (Nr. 256).

SCHRITT 2 Die kurzen Enden diagonal zuschneiden und die Schale mittig der Länge nach einschneiden.

SCHRITT 3 Die Schale entlang der kurzen diagonalen Enden mehrmals einschneiden – das sind die Federn.

SCHRITT 4 Das Schalenstück fest einrollen und mit dem mittleren langen Schnitt auf den Glasrand stecken.

WODKA

SIE FEIERN EINE PARTY UND ZUFÄLLIG SITZEN EIN POLE UND EIN RUSSE AM GLEICHEN TISCH? HÜTEN SIE SICH ZU FRAGEN, WER DEN WODKA ERFUNDEN HAT – DAS SORGT ERFAHRUNGSGEMÄSS IMMER FÜR ÄRGER!

258

SO KAM'S: WODKA

Es ist bis heute umstritten, welches Land das Ursprungsland des Wodkas ist – sowohl in Polen als auch in Russland wird er seit langem hergestellt, aber ob er nun in dem einen, dem anderen oder zeitgleich in beiden Ländern erfunden wurde, lässt sich nicht mit Sicherheit sagen.

Eines ist aber sicher: Seit dem 18. Jahrhundert wurde Wodka in beiden Ländern industriell hergestellt, kurz darauf wurde die Produktion verstaatlicht. Zu Beginn des 20. Jahrhunderts trank jeder Russe – aufgrund der staatlichen Produktion und deren Unterstützung durch den Staat – unglaubliche (und unvorstellbare) 110 Liter Wodka pro Jahr. Das entspricht etwa einer halben Flasche Wodka pro Person und Tag!

Wegen der Oktoberrevolution und dem Zweiten Weltkrieg verließen viele Destillerien Russland und produzierten von da an in Paris, Istanbul und sogar New York. In den USA wurde Wodka zu Beginn als weißer Whiskey verkauft – und erst 1962, als James Bond in *Dr. No* einen Wodka Martini bestellte, steigerte sich die Nachfrage merklich.

Man soll niemanden für die Wahl seiner Drinks verurteilen, aber es gibt Besseres als Mr. Bonds geschüttelten Wodka Martini – sogar der Vesper (Nr. 104), der dem Wodka Martini ziemlich ähnlich ist, ist 100 Mal interessanter im Geschmack als die berühmte, aber auch leider etwas langweilige Bond-Version!

259

DAS ALLROUND-TALENT

Es gibt Leute, die Wodka für Zeitverschwendung halten: „Warum Wodka, wenn man auch etwas mit Geschmack trinken kann?“ Das mag in einigen Fällen stimmen, der Vorteil von Wodka ist aber: Er ist ein echtes Allroundtalent. Zum einen ist Wodka perfekt, wenn das Aroma einer Spirituose zu intensiv ist – man kann sie einfach mit etwas Wodka verdünnen. Aufgrund seines neutralen Geschmacks ist Wodka außerdem die perfekte Wahl, wenn ein Drink schon viele unterschiedlichen Geschmacksnuancen aufweist. Zu Wodka greift man außerdem, wenn der Fokus auf anderen Aromen liegen soll – etwa auf den der selbstgezogenen Zitronen aus dem Garten! Davon abgesehen ist Wodka auch bestens zum Aromatisieren geeignet (Nr. 034) – mit Gewürzen, Kräutern, Tees oder Früchten verfeinerter Wodka sorgt für ausgefallene, frische Geschmackskicks!

260 DER HERSTELLUNGSPROZESS

Der Herstellungsprozess für Wodka ist grundsätzlich immer der gleiche, aber die Grundzutaten können variieren: von Kartoffeln über Rüben bis hin zu Getreide.

Schritt 1 Das Ausgangsprodukt wird vergoren. Da Wodka aus fast jeder Zutat, die sich fermentieren lässt, zubereitet werden kann, kommt es im Hinblick auf den Gärungsprozess auf die Zutat an – hierfür gibt es keine allgemeingültigen Grundsätze.

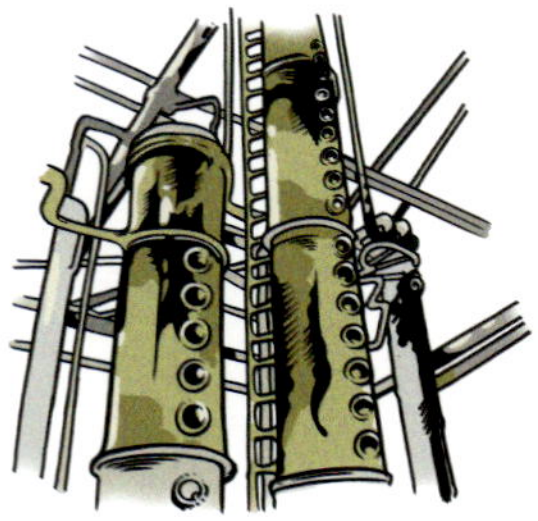

Schritt 2 Destilliert wird Wodka meist in einer Destillationskolonne. Manchmal wird auf dem Etikett mit der Anzahl der Destillationsdurchgänge angegeben, aber das muss nichts heißen: Viel wichtiger als die Anzahl der Destillationsdurchgänge ist, ob der Wodka an sich gut gemacht ist.

Schritt 3 Fast jede Spirituose wird (aufgrund des Geschmacks aber auch aufgrund rechtlicher Vorgaben) mit Wasser verschnitten – das gilt auch für Wodka: Etwa die Hälfte der Flüssigkeit in der Wodkaflasche ist eigentlich Wasser. Damit hat auch die Wasserqualität Einfluss auf den Geschmack des Wodkas!

Schritt 4 Die meisten Wodkas werden filtriert, wobei die Hersteller versuchen, sich mit ausgefallenen Filtermethoden zu übertrumpfen. Papier- und Kältefiltration sind die Grundarten, Aktivkohlefiltration sorgt für besonders reinen Wodka. Filtration durch Diamanten, Silber oder Lava ändert nichts am Geschmack – dafür aber am Preis!

261

WODKASORTEN

Anders als bei anderen Spirituosen werden Wodkasorten nicht aufgrund der Grundzutaten unterschieden, sondern vielmehr aufgrund des jeweiligen Destillationsprozesses.

Das bedeutet, Wodka kann eigentlich aus allem, was vergoren werden kann, hergestellt werden: Obst, Gemüse, Zuckerrohr, Kartoffeln, Zuckerrüben, Honig, Melasse – und sogar Milch und Ahornsirup!

Damit sich eine Spirituose Wodka nennen darf, muss das Destillat, das anschließend verschnitten wird, mindestens 90 % Alkoholgehalt haben, mehr als 96 % sind nicht möglich, denn dann ist der Wodka azeotrop, das heißt, er ist so stark konzentriert, dass eine weitere Konzentration durch Destillation unmöglich ist.

Aber schmeckt man denn dann die Grundzutat im fertigen Produkt überhaupt? Kaum zu glauben, aber: Ja! Meist allerdings nur in ganz feinen Nuancen und auch nur, wenn der Wodka bei Zimmertemperatur aus einem weiten Glas getrunken wird – in Cocktails kommen diese feinen Nuancen selten durch.

Und egal woraus er besteht, wie er filtriert und destilliert wird: Schlechter, qualitativ minderwertiger Wodka sorgt für den schlimmsten Kater überhaupt!

262 FEUER UND FLAMME

Jeder Barkeeper bietet seinen Gästen gerne etwas. Die Bar wird zur Showbühne und irgendwie landet man irgendwann immer beim Flambieren. Feuer ist immer eindrucksvoll – als Finish in Form eines flambierten Twists oder indem man einfach den ganzen Cocktail flambiert.

Beim Umgang mit Feuer geht Sicherheit vor! Arbeiten sie nicht mit Feuer, wenn Sie getrunken haben, gehen Sie sicher, dass ein funktionierender Feuerlöscher im Hause ist und ernennen Sie einen „Sicherheitsbeauftragten", der zur Not zumindest noch im Stande ist, Auto zu fahren. In aller Kürze lauten die Grundregeln: Trinken Sie nicht zu viel, haben Sie immer einen Feuerlöscher zur Hand und halten Sie sich fern von allem, das leicht entzündlich ist!

Und sollte doch einmal etwas schiefgehen: Sofort alles stehen und liegen lassen und im Ernstfall unbedingt die Feuerwehr verständigen!

263

DAS BRENNENDE TIKI-FLOSS

In vielen Tiki-Bars werden Drinks in größeren Gläsern oder Tiki-Schalen serviert – und oft kommt Feuer zum Einsatz. Besonders einfach und trotzdem sehr eindrucksvoll ist ein brennendes Limetten- oder Zitronenfloß!

Eine übrige Limetten- oder Zitronenhälfte auf die Cocktail-Oberfläche (z. B. eines Punches oder einer Bowle) setzen und ein mit Zitronenöl getränktes Stückchen Brot daraufgeben.

Die Gäste bitten, zurückzutreten – und anzünden!

264 EINEN ORANGENTWIST FLAMBIEREN

Die einfachste Methode, um Feuer ins Spiel zu bringen, ist ein flambierter Orangentwist. Durch das Flambieren karamellisieren die Zitrusöle – und Ihre Gäste sind mit Sicherheit beeindruckt!

Schritt 1 Mit einem Küchenmesser ein Stück Schale von einer unbehandelten Orange abziehen. Das Stück mit der Schalenseite über dem Drink zwischen Daumen und Zeigefinger der rechten Hand halten. Ein Streichholz anzünden und etwa in 10 cm Entfernung zur Schale halten.

Schritt 2 Das Schalenstück einmal kräftig zusammendrücken, sodass die in der Schale enthaltenen Öle in Richtung Streichholz spritzen. Achtung: Wenn die Schale rußig wird, haben Sie eine gewachste Orange erwischt. Verwenden Sie am besten immer unbehandelte Früchte!

Schritt 3 Anschließend den Rand des Glases mit der Orangenschale einreiben.

Schritt 4 Zum Schluss das flambierte Schalenstück in den Drink geben – und genießen!

265 { HEISSES EISEN }

Drinks und Feuer gehörten schon im 19. Jahrhundert zusammen: Damals wurden in Tavernen Getränke wie Toddys oder Flips (Heißgetränke mit Ei, Bier, Spirituose und einem Süßungsmittel) direkt im Becher mit einem im Feuer erhitzten Schürhaken („loggerhead“) erhitzt. Diesen alten Brauch lässt man heute in vielen Bars, wie etwa im Booker & Dax in der New Yorker Lower East Side, wieder aufleben!

Der Vorteile dieser Methode besteht darin, dass der Drink „karamellisiert“, wenn er mit dem heißen Metall in Berührung kommt. Probieren Sie es: Bereiten Sie einen Hot English Rum Flip (Nr. 195) in einem hitzebeständigen Krug zu, erhitzten Sie einen lebensmittelechten Metallstab (oder Ähnliches) und halten Sie ihn ins Glas. Der Drink beginnt zu schäumen – im Englischen „to flip“, daher auch der Name!

266 IT'S SHOWTIME, BABY

Beim Barkeepen geht es nicht nur darum, köstliche Drinks zu mixen, sondern auch darum, die Gäste mit echten Profitricks zu unterhalten! Für einige dieser Kunststücke braucht man etwas Übung, zum Beispiel zum Werfen von Flaschen, aber auch einfachere Showeinlagen sollte man in Ruhe üben. Verwenden Sie zuerst leere und dann mit Wasser gefüllte Flaschen, um sich an das Gewicht – und daran, wie sich die Flüssigkeit in den Flaschen verhält – zu gewöhnen, dann gelingt es Ihnen sicher bald, mit offenen Flaschen zu jonglieren!

267 DER BOTTLE STALL

Dario Doimo – Sieger von mehr als 50 Flairbartending-Wettbewerben, zweifacher USBG National Flair Champion und Flairbartending-Künstler mit Auftritten in mehr als 20 Ländern – hat uns einige seiner Tricks verraten. Los geht's mit dem Bottle Stall.

Schritt 1
Den Flaschenhals mit drei Fingern (Daumen, Mittel- und Zeigefinger) der rechten Hand greifen und gerade nach oben werfen. Die Flasche darf dabei nicht rotieren.

Schritt 2
Die Flasche mit dem Rücken der rechten Hand fangen, dabei die Finger leicht spreizen. Achten Sie darauf, die Flasche in der Bewegung mit dem Handrücken anzunehmen!

Schritt 3
Die Flasche mit der anderen Hand sichern. Um eine Flasche auf diese Art und Weise zu fangen, müssen Timing und Balance stimmen: Üben Sie am besten zuerst, eine leere Flasche auf dem Handrücken zu balancieren!

268 HINTER DEM KOPF EINSCHENKEN

Schritt 1
Einen Cocktail-Shaker oder ein Rührglas bereitstellen – hier landet das, was auch immer sich in der geworfenen Flasche befindet.

Schritt 2
Die Flasche mit der linken Hand gerade neben dem Kopf halten (unter Flairbarkeepern „forehand" genannt).

Schritt 3
Die Flasche hinter dem Kopf vorbeiführen, mit der rechten Hand den Flaschenhals umgekehrt greifen und über die Schulter in Richtung Bartresen führen (auch „backhand" genannt).

Schritt 4
In der Bewegung einschenken. Zu einfach? Versuchen Sie die Flasche hinter dem Kopf zu werfen!

269 HINTER DEM RÜCKEN EINSCHENKEN

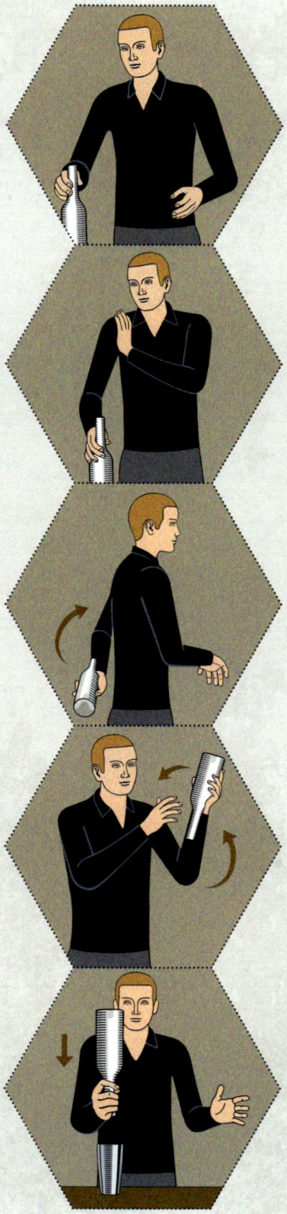

Schritt 1
Einen Cocktail-Shaker oder ein Rührglas bereitstellen – hier landet das, was auch immer sich in der geworfenen Flasche befindet.

Schritt 2
Die Flasche wie beim Bottle Stall mit drei Fingern der rechten Hand greifen und über die Schulter nach hinten führen – oder werfen).

Schritt 3
Die Flasche mit der linken Hand hinter dem Rücken verkehrt herum greifen – oder fangen (unter Flairbarkeepern „backhand" genannt). Wenn Sie gleichzeitig mit dem Körper eine Drehung entgegen der Flugrichtung der Flasche machen, ist es leichter, sie hinter dem Rücken zu fangen!

Schritt 4
Die Flasche kopfüber zügig in die rechte Hand wechseln und einschenken.

270 PROST ... ODER SLÁINTE! SALUD! CHEERS!

Wenn Sie Ihre Freunde um sich versammelt haben und hoffentlich jeder einen leckeren selbstgemixten Cocktail in den Händen hält, fehlt nur noch eins: Anstoßen und trinken! Die Ursprünge des Anstoßens reichen zurück bis zum Mogulreich in Indien und den skandinavischen Wikingern, die angeblich aus den Schädeln ihrer Feinde tranken! Im alten Griechenland war es üblich, miteinander anzustoßen, um sicherzugehen, dass sich kein Gift im Wein befand: Beim heftigen Zusammenstoßen der Gläser spritzte der Wein in alle Richtungen, sodass keiner gewagt hätte, dem anderen Gift unterzujubeln. Eine Variante des Anstoßens ist das Zuprosten, bei dem ein Anstoßen angedeutet wird, ohne dass sich die Gläser berühren. Und natürlich darf auch ein Trinkspruch nicht fehlen – egal, wo man ist!

Chai yo!
VIEL GLÜCK!
Thailand

Na zdravi!
AUF DEINE GESUNDHEIT!
Tschechische Republik

Salud!
AUF GUTE GESUNDHEIT!
Spanien

Bunden i vejret eller resten i håret!
AUSLEEREN ODER DEN REST INS HAAR!
Dänemark

Salud y amor y tiempo para disfrutarlo
GESUNDHEIT & LIEBE & ZEIT ZUM GENIESSEN
Ein Klassiker in vielen spanischsprachigen Ländern!
Argentinien

Stin eyiassou
AUF DEINE GESUNDHEIT
Griechenland

Nazdarovya
AUF DEINE GESUNDHEIT
Russland

L'chaim
AUF DAS LEBEN
Dieser hebräische Trinkspruch ist in vielen Ländern gebräuchlich.
Israel

Here's mud in your eye!
„Dreck ins Auge!" – eine Referenz auf Grabenkrieg, Pferderennen, biblische Geistheilung oder einfach den Bodensatz eines Getränks.
Großbritannien

Yum seng
AUF LEERE GLÄSER
China

Salute! oder Cin Cin
GESUNDHEIT!
CIN = KURZ FÜR CINZANO, EINE ITALIENISCHE WERMUTMARKE
Italien

A votre santé
AUF EURE GESUNDHEIT
Geantwortet wird mit „À la votre!" („Ebenfalls!").
Frankreich

Kampai oder Otsukare
„PROST" ODER „DU BIST MÜDE" – BEZIEHT SICH AUF EINE GUTE ARBEITSMORAL (WER MÜDE IST, HAT EINEN DRINK VERDIENT!).
Japan

Prost oder Zum Wohl
„PROST", WENN BIER, „ZUM WOHL", WENN WEIN GETRUNKEN WIRD.
Deutschland

Sláinte
AUF GUTE GESUNDHEIT
Oder mit den Worten von Jonathan Swift: „May you live all the days of your life." („Mögest du alle Tage deines Lebens leben.")
Irland

Sto lat!
100 JAHRE
Polen

Oogy wawa!
PROST!
Südafrika

271

DIE PURE FREUDE

Genau wie gute Köche, die jede einzelne Zutat probieren und deren Aromen kennen, sollten auch gute Barkeeper wissen, wie die von ihnen verwendeten Spirituosen pur schmecken. Grundsätzlich wird bei der Destillation nämlich vor allem darauf geachtet, dass die Spirituosen, so wie sie sind, einwandfrei schmecken – aber nur die wenigsten Menschen haben alle ihre Lieblingsdrinkzutaten auch wirklich schon einmal pur getrunken (außer vielleicht in Momenten der absoluten Verzweiflung!).

Die unterschiedlichen Geschmacksnuancen und Aromen herauszuschmecken ist eine Kunst, aber wenn Sie diese einmal beherrschen, können Sie auch eigene Rezepte kreieren. Und vielleicht wird Ihnen so auch klar, dass manche Spirituosen kaum Beiwerk brauchen – sie schmecken nämlich auch pur einfach fantastisch.

272 { KEIN SCHNICKSCHNACK }

Wer Spirituosen gerne pur trinkt, hat vielleicht schon einmal – vor allem bei Whisk(e)ys – einen ungewöhnlichen Gegenstand in seinem Glas gefunden: Kühlsteine oder Metalleiswürfel, die den Drink kühlen sollen, ohne ihn zu verdünnen. Ehrlich gesagt: Sparen Sie sich das – und investieren Sie lieber in teurere Spirituosen! Die meisten Brandys und Whisk(e)ys haben zwar einen Alkoholgehalt von etwa 40 %, aber es gibt zahlreiche (vor allem qualitativ hochwertige) Spirituosen, die einen höheren Alkoholgehalt aufweisen. Hier braucht man das Eis, um die Spirituosen zu verdünnen. Und auch bei nur 40 % Alkoholgehalt sorgt etwas Eis dafür, dass die flüchtigen Essenzen der Spirituose besser zum Vorschein kommen. So geht's ohne unnötigen Schnickschnack: Verwenden Sie immer nur einen Eiswürfel pro Glas, warten Sie, bis der Drink kalt genug ist und nehmen Sie den Eiswürfel dann mit einem Löffel wieder aus dem Glas.

273

SPIRITUOSEN VERKOSTEN

Sie haben mittlerweile Gefallen daran gefunden, Spirituosen pur zu trinken? Jetzt ist es Zeit für eine fachmännische Spirituosenverkostung, denn so bekommen Sie ein Gefühl für unterschiedliche Spirituosen und deren Aromen. Am Anfang ist es nicht ganz einfach, die unterschiedlichen Aromen und Geschmacksnuancen herauszuschmecken – ihr Gehirn weiß, dass es den Geschmack von irgendwoher kennt, aber was genau es ist, darauf kommen Sie nicht. Mit der Zeit wird es Ihnen aber immer leichter fallen, die feineren Noten wie etwa einzelne Früchte, Gewürze oder sogar Herstellungsorte „herauszuschmecken". Hier ein paar Tipps zum Verkosten!

DER RICHTIGE ORT Das ist wahrscheinlich der wichtigste Schritt: Finden Sie einen geeigneten Ort für die Verkostung. Es sollte auf jeden Fall genügend Platz sein, um sich mit Gläsern und Flaschen auszubreiten – und achten Sie auch darauf, wie es in dem Raum, den Sie ausgewählt haben, riecht. Ich habe mich eine Zeit lange immer gewundert, warum jede Spirituose, die ich probierte, unglaublich blumig schmeckte, bis mir klar wurde, dass das der Weichspüler war, den man aus dem Waschraum nebenan roch!

DIE GETRÄNKEAUSWAHL Nehmen Sie sich nicht zu viele verschiedene Spirituosen auf einmal vor – 4 oder 5 reichen meist, denn Nase und Gaumen sind schnell „erschöpft". Wählen Sie ähnliche Spirituosen, so ist es leichter, Vergleiche zu ziehen!

DIE GLÄSERWAHL Die Form der Gläser, die Sie zum Verkosten verwenden, hat Einfluss auf den Geschmack und den Geruch der Spirituosen – besorgen Sie unterschiedlich geformte Gläser und probieren Sie jede Spirituose aus mindestens zwei verschiedenen Gläsern.

DIE REIHENFOLGE Verkosten Sie zuerst leichtere und trockene Spirituosen, und arbeiten Sie sich dann langsam in Richtung süß und hochprozentig vor.

WASSER TRINKEN Trinken Sie zwischen jeder Verkostungsrunde Wasser, um den Gaumen so gut es geht zu neutralisieren.

VORSICHTIG RIECHEN Tauchen Sie nicht einfach die Nase tief ins Glas, wie man das vielleicht bei Wein machen würde, und auch Schwenken ist nicht notwendig. Halten Sie das Glas einfach leicht schräg im 45°-Winkel und führen Sie es langsam zur Nase, bis Sie beginnen, die unterschiedlichen Aromen wahrzunehmen. Bewegen Sie das Glas dann langsam hin und her, um die ganze Palette an Aromen aufzunehmen.

NUR NIPPEN! Nippen Sie einmal, um die Zunge zu benetzen, nehmen Sie dann einen weiteren kleinen Schluck und konzentrieren Sie sich auf Aroma, Textur, Stärke und Süße. Anschließend runterschlucken, und durch die Nase ein- und den Mund ausatmen, dadurch kommen weitere Aromen zum Vorschein. Trinken Sie dann einen Schluck Wasser und beginnen Sie die Prozedur von vorne, bis Sie mit Ihrer Analyse zufrieden sind.

274 SCHENKEN MACHT FREU(N)DE

Wenn Sie eine Party geben und sich Ihre Freunde noch Jahre später daran erinnern sollen, überreichen Sie doch am Ende des Abends jedem Gast ein kleines Geschenk: als Erinnerung an einen unvergesslichen Abend und weil schenken Freu(n)de macht! Und wir reden jetzt nicht von der Art Geschenke, wie sie auf Hochzeiten oder Kindergeburtstagen üblich sind – es sollte schon etwas kreativer sein und im Idealfall trinkbar!

Wir wäre es zum Beispiel mit hübschen kleinen Champagnerflaschen (oder Dosen!) oder selbstgemachten Bottled Cocktails? Auch eine tolle Idee sind Miniaturen (also Mini-Spirituosenflaschen): Stellen Sie zum Beispiel ein Mini-Cocktail-Set mit unterschiedlichen Spirituosen zusammen oder machen sich auf die Suche nach Miniaturen mit ausgefallenem Design (Totenkopf anstatt Deckel? Perfekt!).

Sie haben auf Ihrer Party einen besonderen selbst kreierten Cocktail serviert? Drucken Sie das Rezept auf schönem Papier aus und überreichen Sie es zusammen mit einer Handvoll Papierschirmchen.

Bereiten Sie für jeden Gast ein kleines Proviantpaket mit Rum Balls (Nr. 242) oder einzeln verpackten Jelly Shots (Nr. 239) zu.

Und wenn Sie bereits am Vorabend für einen guten Start in den nächsten Tag sorgen wollen: Drücken Sie jedem Gast für den Nachhauseweg eine Flasche Wasser in die Hand!

275

EIN GUTER GAST SEIN

Wenn Sie selbst eingeladen sind, egal ob zu einer Party oder zu einem Besuch übers Wochenende, hören Sie auf Ihre Mutter – da sind alle Mütter gleich! – und kommen Sie nie mit leeren Händen! Sie können Ihrem Gastgeber natürlich die obligatorische Flasche Wein überreichen, aber netter und persönlicher ist eine selbstgemachte Kleinigkeit. Wahrscheinlich haben Ihre Bekannten und Freunde mittlerweile von Ihren legendären Barkeeping-Skills Wind bekommen – hier ein paar Ideen für echte Barkeeper-Geschenke. So sind Sie sicher ein immer wieder gern-gesehener Gast!

SELBSTGEMACHTES Bereiten Sie eine Tinktur, eine Infusion oder einen aromatisierten Sirup mit den Lieblingszutaten des Gastgebers zu.

RUNDUM-SERVICE Packen Sie selbstgemachtes Ginger Beer (Nr. 170), eine Flasche Wodka und einige Limetten ein und verwöhnen Sie Ihren Gastgeber mit professionell zubereiteten Moscow Mules (Nr. 169).

REISEPROVIANT Falls Ihr Gastgeber eine Reise plant (und wer tut das nicht?), schenken Sie ihm in hübsche kleine Flaschen abgefüllte Miniversionen seines Lieblingscocktails – zum Anstoßen am Flughafen!

SÜSSES Was immer geht: eine Schachtel gekaufte – oder noch viel besser selbstgemachte – Pralinen (Nr. 242)!

276 AUFRÄUMARBEITEN

Wenn es um das Aufräumen – vor allem nach einer richtig wilden Party – geht, kommt man leicht in Versuchung, bis zum nächsten Tag zu warten. Dafür ist der Tag nach der Party schließlich da, denken Sie? Das ist richtig, aber manchmal fühlt man sich nach einer erfolgreichen Party alles andere als müde, und dann kann es nicht schaden, schon einmal das Gröbste zu beseitigen: Sammeln Sie die unzähligen Gläser, Flaschen und sonstigen Überreste ein – Sie können sicher sein, dass sich sogar Gläser ins Badezimmer verirrt haben und werfen Sie zur Sicherheit auch einen Blick auf Ihre Regale! – und ab damit in die Küche, so ist zumindest einmal alles an einem Ort. Leere Flaschen sollten am besten gleich zum Altglas, denn es gibt nichts Schlimmeres, als der Geruch nach abgestandenen Getränken am Morgen nach einer Party – vor allem, wenn Sie sich vielleicht doch etwas wacklig auf den Beinen fühlen!

277 VORSICHT KLEBRIG!

Das Schlimmste an verschüttetem Alkohol (abgesehen davon, dass es Verschwendung ist) ist, dass er furchtbar klebrig ist. Jetzt brauchen Sie mehr als nur Papiertücher, um der Situation Herr zu werden: Ein Spritzer Spülmittel in warmem Wasser aufgelöst wirkt wahre Wunder! Sorgen Sie dafür, dass das Malheur sofort beseitigt wird, sonst verteilen Sie und Ihre Gäste die klebrigen Überreste mit jedem Schritt im ganzen Haus.

278

ERSTE HILFE

Obwohl Sie überall Untersetzer verteilt haben (Nr. 045), entdecken Sie unschöne Glasränder auf Ihrem Lieblingsmöbelstück? Kein Problem! Wenn das das Einzige ist, womit Sie sich nach einer legendären Party herumschlagen müssen, haben Sie alles richtig gemacht! Erste-Hilfe-Aktion: Den Fleck großzügig mit Vaseline einreiben, über Nacht einwirken lassen und dann mit einem feuchten Tuch abwischen.

279 FLECKEN? SALZ!

Es passiert schneller, als man denkt: Rotweinflecken auf Teppich, Couch oder Lieblingskleidungsstück! Im Internet findet man zahlreiche hilfreiche Tipps, denn so schlimm die Flecken auf den ersten Blick aussehen: Sie sind überraschend einfach wegzubekommen! Die einfachste Lösung? Salz! Zuerst mit einem Lappen so viel Flüssigkeit wie möglich aufnehmen und den Fleck dann großzügig mit Salz bestreuen. Eintrocknen lassen, das Salz abwischen und mit einem feuchten Schwamm saubertupfen (Mineralwasser verwenden!). Manche schwören auf Weißwein als Gegenmittel – aber warum noch mehr guten Wein verschwenden?

280 FLACHMANN REINIGEN

Ein Flachmann ist ein tolles Geschenk und obendrein praktisch! Flachmänner gibt es in zahlreichen Versionen, sodass sicher jeder den passenden Begleiter findet. Nicht so toll ist es allerdings, wenn sich Alkoholreste hartnäckig darin festsetzen – hier einige Tipps zur richtigen Reinigung!

Schritt 1 Wenn der Flachmann noch relativ neu ist, waschen Sie ihn einfach mit warmem Wasser und Spülmittel aus. Verwenden Sie nur einen Tropfen Spülmittel, sonst dauert es ewig, den Flachmann wieder seifenfrei zu bekommen. Falls Sie zu viel Spülmittel verwendet haben, den Flachmann mit kochendem Wasser ausspülen – aber Vorsicht: Den heißen Flachmann nur mit Topflappen anfassen!

Schritt 2 Wenn Ihr Flachmann eine Generalreinigung nötig hat, greifen Sie zu folgendem Trick (mit dem man übrigens auch Trink(glas)flaschen wieder sauber bekommt!): Salz, Reis, Bittersalz oder Backpulver in den Flachmann geben und mit etwas Wasser (oder Weißweinessig bei besonders hartnäckigen Gerüchen) etwa zwei Drittel voll aufgießen.

Schritt 3 Fest verschließen und kräftig schütteln – Stellen Sie sich einfach vor, Sie müssten einen Martini für James Bond zubereiten und wollen ihn nicht enttäuschen! Das Salz (oder was Sie eben verwendet haben) sorgt dafür, dass auch eingetrocknete hartnäckige Reste „weggeschrubbt" werden.

Schritt 4 Den Flachmann anschließend gründlich ausspülen – wenn nötig mit kochendem Wasser!

281 {KATER-MEDIZIN}

Laut dem amerikanischen Humoristen Robert Benchley ist das Einzige, was gegen einen richtigen Kater hilft, der Tod. Das mag sich nach einer durchzechten Nacht so anfühlen, aber es gibt zum Glück auch noch einige andere wirksame Anti-Kater-Mittel!

Ich würde mich nicht als exzessiven Schluckspecht beschreiben, aber ich habe auch hin und wieder einen Kater. Meine Erste-Hilfe-Katerroutine sieht folgendermaßen aus: Ausschlafen, Wasser trinken, bis man sich imstande fühlt, das Haus zu verlassen, und sich dann ein reichhaltiges Frühstück (und eventuell einen kleinen Drink) und anschließend einen großen Kaffee gönnen. Auch wenn Sie keinen Hunger haben: Essen hilft! Und denken Sie daran, dass Sie in einer Notsituation sind, also Finger weg von (säurehaltigen!) Säften und „Gesundem" – jetzt ist eine ordentliche, herzhafte Mahlzeit das Richtige!

USBG | ORTSVERBAND BOSTON

✦ FREDERIC YARM ✦

Chef-Barkeeper | Loyal Nine

282 DIE COLA-KUR

Bei einer von Frederic Yarms ersten Arbeitsstellen war die Katermedizin schlechthin die Cola-Kur: ein Glas Cola mit 10 Spritzern Angosturabitter und dazu eine Kopfschmerztablette. Cola versorgt den Körper mit Zucker, Wasser, Elektrolyten und Koffein, die im Angosturabitter enthaltenen Kräuter beruhigen den Magen – und die Kopfschmerztablette gibt dem Kater den Rest!

283

DEN PROFIS VERTRAUEN

Vertrauen Sie den Profis – die müssen es schließlich wissen! Alexandra F. Williams, USBG-Mitglieder-Koordinatorin, empfiehlt bei Kater *Heotgae Condition*, ein koreanisches Kräutergetränk, das in manchen Asiasupermärkten erhältlich ist: „Diese antike Zaubermittel ist das Beste, was der Barwelt seit dem Old Fashioned passiert ist!"

Für Ralf Ramirez vom Ortsverband Los Angeles sind Bitter und Mineralwasser unverzichtbar: Ein großes Glas mit Eiswürfeln füllen, 4–6 Spritzer Bitter (nach Wahl) dazugeben und mit Mineralwasser aufgießen. Noch eine Limetten- oder Zitronenscheiben dazu und bald fühlen Sie sich wieder so frisch, wie dieser Drink aussieht!

284 EIN HUNDELEBEN

Der Tag nach der Party und Sie fühlen sich hundeelend? Im Mittelalter dachte man, dass sich Gleiches mit Gleichem aufheben lässt: Wurde man von einem tollwütigen Hund gebissen, reichte es angeblich, ihm einige Haare auszureißen und diese auf die Wunde zu legen. Wirklich erfolgreich war dieses „Heilmittel" leider nicht, aber diese alte Weisheit hat sich im Hinblick auf Alkohol hartnäckig gehalten: Viele schwören bei einem schlimmen Kater auf einen Drink – obwohl das laut Schauspielerin Tallulah Bankhead „so logisch ist, wie ein Feuer mit Öl zu löschen". Sie können es probieren – allerdings höchstens mit einem leichten fruchtigen Drink –, aber wenn Sie sich wirklich hundeelend fühlen, lassen Sie lieber die Finger von noch mehr Alkohol!

USBG | ORTSVERBAND NEW YORK

✦ **COREY CREASON** ✦

Barkeeper

285

SOS-KATER-FRÜHSTÜCK

Dieses SOS-Kater-Frühstück ist für den absoluten Härtefall gedacht – etwa in der Größenordnung von: Sie kommen kaum aus dem Bett, haben aber einen wichtigen Termin! Einen Liter Kokoswasser und dann eine Dose Energy Drink – wenn Kaffee nicht mehr hilft, ist Red Bull die Rettung! – trinken. Anschließend zwei Schinken-Käste-Toasts mit einer ordentlichen Portion Ketchup und Chili-Sauce (bevorzugt Cholula) essen.

Schlusswort

Wahrscheinlich war Ihnen gar nicht bewusst, dass es über Cocktails so viel zu wissen gibt. Aber von der Herstellung der Spirituosen bis zur Zubereitung hat – wie Sie jetzt wissen – alles Einfluss darauf, dass aus einem einfachen Cocktail ein richtig guter Cocktail wird. Dabei geht es nicht nur um persönliche Vorlieben oder bevorzugte Marken: Ein guter Cocktail sollte so konzeptioniert, zubereitet und serviert werden, dass Textur und Aromen ausgewogen sind – und das Wichtigste: Er muss natürlich schmecken!

Es nicht notwendig, jedes Detail zu wissen, um gute Drinks zu mixen, aber ein Grundverständnis für die unterschiedlichen Aspekte, die den Geschmack eines Cocktails beeinflussen können – von der Größe und Form der Eiswürfel bis hin zur Zubereitungsmethode (geshaked oder gerührt) – kann einen großen Unterschied machen!

Das ist es auch, was die USBG und ihre Mitglieder ausmacht: Sie sind ständig bemüht, besser zu werden und andere in die Kunst des Cocktailmixens einzuweihen. Abgesehen davon betreiben die vielen talentierten USBG-Barkeeper großartige Bars – in denen sich ein Besuch immer lohnt.

Ich hoffe, dieses Buch konnte Ihnen einen kleinen Einblick in die unendlichen Weiten des Barkeepens eröffnen und Sie ermuntern, selbst kreativ zu werden, zu experimentieren – und vielleicht sogar das Abenteuer Hausbar zu wagen!

REGISTER

D

E

F

G

T

U

V

W

Y

Z

DANKSAGUNG

Als Erstes gilt mein Dank meiner Leber, dafür, dass sie noch nicht das Handtuch geworfen hat: Ohne dich wäre ich nicht da, wo ich jetzt bin! Vielen Dank auch, Bee, dass du immer an mich geglaubt und mich ermutigt hast, wenn ich den Mut verloren habe, und für deinen Beistand beim Rezeptetesten – was eigentlich mehr Spaß als Arbeit war! Danke an alle Mitarbeiter von Weldon Owen, die dafür gesorgt haben, dass das Buch heute in dieser Form vor Ihnen liegt – besonders an Bridget Fitzgerald, Marisa Kwek, Jennifer Durant, Mariah Bear und Ian Cannon. Ohne die Unterstützung und Mitarbeit aller Mitglieder der USBG wäre dieses Projekt nicht möglich gewesen – danke, dass ihr euch, obwohl ihr alle so beschäftigt seid, Zeit genommen habt und euer Wissen und eure Rezepte mit mir geteilt habt. Besonderer Dank geht an Alexandra Williams, Aaron Gregory Smith und David Nepove. Danke auch an John Lee und Valter Fabiano, die das Buch mit ihren grandiosen Fotos zu etwas ganz Besonderem gemacht haben. Und danke dir, Lance Winters, dass ich einige deiner besten Witze klauen durfte!

ÜBER DEN AUTOR

Als er klein war, wollte Lou Bustamante „verrückter Wissenschaftler“ werden und in einem Labor voller geheimnisvoller Zutaten, blubbernden Flüssigkeiten und Teslaspulen arbeiten. Irgendwie ist er schließlich in der Welt der Spirituosen gelandet – in der ähnlich wie in einem Labor mithilfe von geheimnisvollen Apparaturen magische Tränke entstehen.

Als Getränkeexperte hat Lou Bustamante in allen möglichen Bereichen der Getränkeindustrie gearbeitet – in Destillerien, als Barkeeper, als Cocktaillehrer, als Designer für Whisk(e)yetiketten, als Rezept- und Produktentwickler – einmal hat er sogar 20 Tonnen Agavenherzen aus Tequila, Mexiko, importiert!

Er ist seit vielen Jahren aktives Mitglied der USBG und war im gewählten Vorstand des USBG-Ortsverbands San Francisco als Schriftführer und Kassier tätig.

Außerdem hat er Beiträge über Bars, Restaurants und Spirituosen für zahlreiche Zeitschriften, wie *Wine & Spirits Magazine, The San Francisco Chronicle, Tasting Table, Thrillist* und *SF Weekly* verfasst. Er trinkt jedes Jahr an die 500 Cocktails – und hat dabei nur selten einen ausgewachsenen Kater!

BEZUGSQUELLEN

Urban Bar (urbanbar.com): Hawthorne-Strainer 005, 118; Julep-Stainer 118; doppelseitiger Jigger 005, 042, 044; Cobbler-Shaker/dreiteiliger Shaker 044, 116; Boston-Shaker 116; Parisian-Shaker 116; Barzange 044; Eiseimer 044; Rührglas 077; Cocktail Kingdom (cocktailkingdom.com): Barlöffel 005, 042, 077, 078; Mr. Mojito (mistermojito.com): Muddler 005, 042, 044; Umami Mart (umamimart.com); Kegworks (kegworks.com); Tommy's Margarita Mix (tommysmargarita.com): Ja, das ist eine Margaritafertigmischung (aus Limetten, Agavensirup und Wasser) – aber die hier ist wirklich zu empfehlen, wenn für selbstgemixte Tommy's Margaritas (Nr. 152) einfach keine Zeit ist!

BILDNACHWEIS

ORIGINALFOTOGRAFIEN:
John Lee: Umschlag vorne, Titelei, Vorsatz, 005, 032, 035, 036, 038, 043, 044, 045, 077, 079, 116, 118, 119, 125, 141, 251, 253, 257, Nachsatz, Schlusswort
Valter Fabiano: Über die USBG, Die Cocktail-Revolution, 024, 042, 227, 249, Intro Rezepte & Techniken, 055, 063, 075, 076, 091, 111, Doppelseite: Bar mit Rührgläsern, 117, 119, 133, 134, 168, 169, 188, 193, 205, 207, 208, 227, 249, Umschlag hinten

STYLING GARNITUREN: John Codd: Cover, 251, 253, 257
STYLING COCKTAILS: Andrew Metzler: Über die USBG, Die Cocktail-Revolution, 024, 042, 227, 249, Intro Rezepte & Techniken, 055, 063, 075, 076, 091, 111, Doppelseite: Bar mit Rührgläsern, 117, 119, 133, 134, 168, 169, 188, 193, 205, 207, 208, 227, 249, Umschlag hinten
PROP STYLIST: Emma Star Jensen: Umschlag vorne, 116, 307, 044
FOODSTYLIST: Jen Strauss: 032, 036, 125, 141
PHOTOSHOP ARTIST: Tammy White

ZUSÄTZLICHE FOTOGRAFIEN: Kelly Booth: 148, 149; Lou Bustamante: 033, 064, 143, 152, 181, 226, 245; Alice Gao: 243, 244; iStock: 093, 222, 262, 276; Nader Khouri: TOC (Gäste empfangen & bewirten), Intro Kapitel 1, 040, 054, 121, 218, 222, Doppelseite: Gartenparty, Intro Kapitel 3; Erin Kunkel: 030; Robyn Lehr: 228; Cindy Loughridge: 215, 217; Eric Piasecki/ OTTO: 216; Shutterstock: Inhalt, 002, 006, 008, 009, 010, 013, 015, 017, 019, 020, 027, 028, 029, 051, 052, 053, 069, 082, 083, 084, 085, 096, 097, 103, 105, 113, 114, 115, 158, 160, 161, 172, 180, 184, 189, 190, 192, 199, 200, 201, Inhalt Kapitel 3, 211, 212, 214, 239, 259, 261, 270, 271, 273; Stocksy: Inhalt, Doppelseite: Kerzen, Intro Kapitel 2, 126, 162, 164, 165, 175, 182, 223, 231, 233, 238, 274, 275, 285; Allison Webber: Intro Basics & Vorbereitung

ORIGINALILLUSTRATIONEN:
Tim McDonagh: 007, 025, 031, 034 (unten), 039, 052, 070, 072, 099 108, 114, 122, 129, 132, 137, 145, 147, 150, 151, 154, 174, 177, 195, 200, 210, 221, 230, 240, 260, 263, 284
Klaus Meinhardt: 034 (oben), 035, 047, 065, 117, 120, 167, 170, 229, 247, 256, 257, 264, 267-269

ZUSÄTZLICHE ILLUSTRATIONEN: Shutterstock (Icons): 001, 003, 008, 010, 011, 012, 014, 019, 020, 024, 026, 031, 036, 039, 041, 046, 048, 049, 050, 053, 056, 061, 063, 064, 066, 067, 069, 071, 072, 075, 081, 084, 085, 086, 088, 090, 091, 092, 094, 097, 098, 101, 102, 103, 104, 105, 106, 108, 111, 112, 115, 116, 122, 123, 124, 126, 127, 130, 133, 134, 135, 136, 139, 140, 142, 143, 144, 146, 149, 151, 152, 155, 158, 159, 161, 165, 168, 169, 172, 173, 176, 179, 180, 181, 183,184, 185, 186, 187, 190, 191, 192, 194, 196, 197, 198, 201, 204, 205, 206, 208, 209, 212, 215, 218, 225, 232, 235, 236, 237, 238, 250, 252, 258, 272, 273, 279, 280; Shutterstock (Hintergrund): 012, 025, 059, 060, 126, 154, 171, 176, 178, 179, 183, 232, 239, 266, 270

BESONDERER DANK GILT:
15 Romolo, La Mar, Comstock Saloon, the Armory, Pagan Idol

HEEL Verlag GmbH
Gut Pottscheidt
53639 Königswinter
Tel.: 02223 9230-0
Fax: 02223 9230-13
E-Mail: info@heel-verlag.de
www.heel-verlag.de

The Complete Cocktail Manual: 285 Tips, Tricks & Recipes
ISBN 9781681880990

Text: Lou Bustamante mit der United States Bartenders' Guild
Design: Jennifer Durrant
Bildredaktion: Don Hill
Lektorat: Bridget Fitzgerald

Deutsche Ausgabe:
Übersetzung: Daniela Schmid in Zusammenarbeit mit Print Company
Satz, Lektorat und Produktionsbetreuung: Print Company Verlagsges.m.b.H., Wien
Projektleitung: Laura Wika von Czarnowski

Printed in China

ISBN 978-3-95843-578-0

GRUNDREZEPTE

Sour

6 cl Spirituose
2,2 cl Zitronensaft
2,2 cl Süßungsmittel

Longdrink (z. B. Gin Tonic, Whisk(e)y Cola, Rum Cola)

6 cl Spirituose nach Wahl
12 cl Filler nach Wahl

Old Fashioned

6 cl Whiskey
1 Zuckerwürfel (¾ TL Zucker oder 1 TL Zuckersirup 2:1)
2 Spritzer Angosturabitter

Wodka oder Gin Martini

6 cl Wodka oder Gin
3 cl trockener Wermut

Cosmopolitan/Lemon Drop

6 cl Wodka
2,2 cl Limettensaft
1,5 cl Orangenlikör (z. B. Triple Sec) oder Zuckersirup 1:1
+ 1½ TL Cranberrysaft (Cosmopolitan)
+ Zuckerrand (Lemon Drop)

Manhattan

6 cl Whiskey
3 cl süßer (italienischer) Wermut
2 Spritzer Angosturabitter

Jelly Shots

1 Päckchen gemahlene Gelatine (9 g)
(6 Blatt Gelatine oder 1 TL Agar-Agar)
250 ml kochendes Wasser
125 ml kaltes Wasser
125 ml Wodka

BASICS

1 Grapefruit ergibt etwa 18 cl Saft.

1 Zitrone ergibt etwa 4,5 cl Saft.

1 Limette ergibt etwa 3 cl Saft.

1 Orange ergibt etwa 7,5–9 cl Saft.

Zuckersirup 1:1

250 g Zucker und 250 ml Wasser: ergeben 350 ml Zuckersirup 1:1.

Zuckersirup 2:1

500 g Zucker und 350 ml Wasser: ergeben 530 ml Zuckersirup 2:1.

1 Ei (M) entspricht etwa 3 cl Eiweiß.

35 Spritzer Angosturabitter entsprechen etwa 1,5 cl.

MASSEINHEITEN

Barlöffel = 1 TL = 5 ml
2 ml = ½ TL
1 cl = 2 TL
3 cl = 2 EL (oder 6 TL)
25 cl = 250 ml